大学英语翻译教学与实践应用

白玲玲 著

延边大学出版社

图书在版编目（CIP）数据

大学英语翻译教学与实践应用 / 白玲玲著. -- 延吉：延边大学出版社，2022.3
ISBN 978-7-230-02837-0

Ⅰ. ①大… Ⅱ. ①白… Ⅲ. ①英语－翻译－教学研究－高等学校 Ⅳ. ①H315.9

中国版本图书馆 CIP 数据核字（2022）第 036227 号

大学英语翻译教学与实践应用

著　　者：白玲玲
责任编辑：李宗勋
封面设计：品集图文
出版发行：延边大学出版社
社　　址：吉林省延吉市公园路 977 号　　邮　　编：133002
网　　址：http://www.ydcbs.com
E-mail：ydcbs@ydcbs.com
电　　话：0433-2732435　　　　　　　　传　　真：0433-2732434
发行电话：0433-2733056　　　　　　　　传　　真：0433-2732442
印　　刷：北京宝莲鸿图科技有限公司
开　　本：787 mm×1092 mm　1/16
印　　张：9.25　　　　　　　　　　　　字　　数：200 千字
版　　次：2022 年 3 月　第 1 版
印　　次：2022 年 5 月　第 1 次印刷
ISBN 978-7-230-02837-0

定　　价：68.00 元

前 言

　　大学英语教学以培养学生听、说、读、写、译能力为目标，翻译作为英语学习中的一个重要技能，不仅要求学生对英文原文有理解，还要求学生具有中文语言功底。因此，在大学英语教学中培养学生的翻译能力是十分重要的。

　　大学英语翻译教学作为大学英语教学的重要组成部分，是如今教育教学环境下必不可少的部分，大学做好英语翻译教学对于学生今后的发展有着重要意义。为此，要求大学英语教师在教学过程中加强对教学模式及方法的探索，结合学生实际情况进行教学创新与优化，才能在全球化环境下培养出更加优秀的专业人才，而学生也才能在这一过程中得到更好的发展与提升。

目 录

第一章 翻译研究概述 1
第一节 翻译的定义 1
第二节 翻译的分类 2
第三节 翻译的过程 3
第四节 翻译的基本方法 6

第二章 大学英语翻译教学模式 13
第一节 数字化时代下的大学英语翻译教学模式 13
第二节 交互式大学英语翻译教学模式 15
第三节 合作学习理论下的大学英语翻译教学模式 17
第四节 基于语料库的大学英语翻译教学模式 19
第五节 基于认知语言学的大学英语翻译教学模式 21
第六节 多模态理论下的大学英语翻译教学模式 24

第三章 文化差异与大学英语翻译教学 29
第一节 英语翻译中文化差异的影响 29
第二节 英语文学作品翻译中文化差异的处理 31
第三节 文化差异与英语习语翻译 34

第四章 英语翻译的技巧和方法 39
第一节 词汇的翻译技巧和方法 39
第二节 句子的翻译技巧和方法 49
第三节 语篇的翻译技巧和方法 56
第四节 文体的翻译技巧和方法 63

第五章 大学英语翻译教学中的人才培养 67
第一节 大学英语翻译教学与文化自觉的培养 67
第二节 大学英语翻译对学生能力的要求和训练 70
第三节 大学英语翻译教学中的跨文化意识培养 75
第四节 大学英语翻译人才培养 78
第五节 大学英语翻译教学中审美意识的培养 81

第六章 大学英语翻译混合式教学 ... 86
第一节 产出导向法与大学英语翻译混合式教学 ... 86
第二节 大学英语翻译混合式教学形态 ... 89
第三节 商务英语翻译智慧教学中的混合式教学 ... 92

第七章 认知语言学与大学英语翻译教学 ... 97
第一节 认知语言学及其对翻译教学的作用 ... 99
第二节 范畴理论及其在大学英语翻译教学中的应用 ... 108
第三节 隐喻理论及其在大学英语翻译教学中的应用 ... 114

第八章 大学英语翻译教学实践应用 ... 118
第一节 英汉对比在大学英语翻译教学中的应用 ... 118
第二节 语境理论在大学英语翻译教学中的应用 ... 123
第三节 建构主义理论在大学英语翻译教学中的应用 ... 125
第四节 交际翻译理论在英语翻译中的应用 ... 128
第五节 商务英语中虚拟语气的翻译及其应用 ... 131
第六节 暗喻在英语广告及翻译中的应用 ... 135
第七节 翻译文化传播中的互文翻译观及其应用 ... 139

参考文献 ... 141

第一章 翻译研究概述

第一节 翻译的定义

从古至今，人们对于翻译的概念众说纷纭，关于翻译到底是什么，以及如何去界定翻译，到现在都没有统一、确切的答案，甚至可以说，翻译并没有一个明确的定义。下面重点结合一些专家学者关于翻译概念的研究成果，加入笔者自己的观点，浅析翻译的概念。

一、概述

人类最初的翻译并不是语言上的转换，而是依靠肢体语言传递信息，在不同部族间进行沟通。由于历史及时代的发展，人们逐渐有了自己的国家和语言，进而出现了个别掌握别国语言的学者或游历者。那么，到底什么才是翻译？又该如何定义翻译呢？

关于这个问题，目前学术界并没有一个确切的定义。《现代汉语词典》中对翻译的解释是"把一种语言文字的意义用另一种语言文字表达出来"，美国的《韦氏新大学辞典》给翻译的定义是"to turn into one's own or another language"。在中国，也有人给翻译做了定义，瞿秋白认为，译者应当将原著的意思完全、正确地说明给读者。

纵观以上概念，翻译的定义不外乎三个重点：①原文；②译文；③转换。但最关键的是怎么转换，是只将原语句在形式上转换过来吗？翻译就是在改变原语句形式表达的同时，保留了原语所表达的内容、意味、语义、信息、风格、文化，并且应该尽量对原文进行全面、精确、自然对等的保持或再现。译者在翻译过程中，单纯要求词与词之间、句子与句子之间的形式转换是不切实际的。也可以说，原文中的每一个词、每一句话，都有其特殊的语境或文化背景，并不是能孤立地写出或说出的。假如译者在翻译时生搬硬套，在很大程度上会引起读者的误会。

译者仅仅从字面意思去翻译原文是说不通的，也会使读者无法理解原文想要表达的内容和含义，更别说剖析文章的深层内涵了。所以译者在翻译过程中一定要根据语境，理解原文的文化背景，并且一定要在语言转换时把原文所表达的信息、风格、含义等都考虑在内，这样译文才会顺畅，读者才能明白。

翻译在人们日常生活与学习过程中扮演着很重要的角色。从小范围来看，翻译可以让不同种族、不同国度的人之间实现沟通；从大范围来看，翻译可以使人们接触各个地域中不同时代背景的人的智慧，加深了人与世界的联系，让世界成为一个不可分割的整体。

二、翻译定义中的文化联系

纵观翻译的定义，其中都有一个重要的词——文化。尤金·奈达指出，文化是信念的总和，信念是通过语言表达和传播的。对于译者来说，文化和语言一样重要，要想理解一门语言，就需要对其文化背景有所了解。

译者可以清楚地看到翻译与文化之间的联系，因此在实际的翻译过程中，就更应该考虑到作者的本意及原文隐藏的文化内涵。总之，从上面的讨论可以看出，翻译的定义是十分灵活的，其各种理论也在不断发展和完善，理论体系不是一成不变的。随着研究的深入，关于翻译的定义会有更深层次的剖析和解读。在翻译这个领域中，还有很多东西需要进一步研究。严复曾说，翻译的标准是信、达、雅，那么如何做到这三点，值得译者深思与探讨。

第二节 翻译的分类

翻译的性质可以从不同的角度来定义，同样，翻译的种类也可以从不同的角度来划分。一般来说，翻译可以从五种不同的角度来分类。

第一,从译出语与译入语的角度来分类,翻译可分为将本族语译为外语、将外语译为本族语。

第二,从涉及的语言符号来分类,翻译可分为语内翻译、语际翻译和符际翻译。

第三,从翻译的手段来分类,翻译可分为口译、笔译和机译。口译又可分为即席口译(译员等发言人讲完一部分或全部讲完后再翻译给听众)与同声传译(译员在发言人讲话的同时边听边翻译)。

第四,从翻译的题材来分类,翻译可分为翻译科技、商务、外交、旅游、军事等专业领域内容的专业文献翻译,翻译小说、散文、戏剧、诗歌等内容的文学翻译和翻译宣传品、广告、海报等的一般性翻译。

第五,从翻译的处理方式来分类,翻译可分为全译、摘译和编译。

第三节 翻译的过程

一、翻译过程的经验性认识

著名翻译家思果在《翻译研究》一书中探讨翻译步骤时,结合自己的翻译经验这样说道:"理想的译法是这样的:先把原文看懂,照原文译出来,看看念不念得下去,试删掉几个不一定用得着的字,看看是否有损文义和文气,如果有损,再补回来。试把不可少的字加进去,看看是否超出原文范围。增减以后和原文再校对一次,检查有些地方是否译错,语气的轻重是否恰如其分,原文的弦外之音译文里找不找得到。原文的意思要消化,译文的文字要推敲。"他还告诫译者,不看完整词、整段、整篇,就不能动手翻译,只有看完,才能理解其中作者要表达的意思。可见,看懂原文是翻译的第一步,是整个翻译流程的基石,因为只有了解了原文中所要传达的内容,才可以真正"消化"原文的意思,再用恰当的语言表达作者的意思。另外,校对也是一道必不可少的程序,译者在翻译完成后必须对文字加以推敲。

二、翻译过程的实践总结

经过大量的翻译实践，结合翻译理论，翻译工作者归纳出了翻译的基本过程，即明确翻译大纲，通读全文、统一术语，分析原文，了解原文，语际转换，审校译文。

（一）明确翻译大纲

翻译大纲，包含对译文所要求的交际目的、类型和译者怎样进行翻译活动等内容。诺德认为，翻译大纲就是委托人对翻译内容的需求，加上与译文有关的各种因素，如目的语受众、时间、地点、预期交际媒介、预期文本功能、文本的生产与接受动机等。进行翻译工作之前要先确定好翻译大纲，在翻译大纲的指引下开展翻译活动，以实现有的放矢。在弗米尔提出的"目的论"中，翻译大纲的可行性取决于目的语文化，而不是源语言文化。

（二）通读全文、统一术语

双语转换作为一个思维过程是人们看不见、摸不到的，而解开"黑匣子"之谜则需研究者们花费精力和时间认真探究。在语际转换的过程中，还涉及翻译方式和翻译策略。翻译方式也叫翻译技巧、翻译手段，翻译方式有许多种，如词类转换、增补与省略、主动与被动、正说与反说、具体与抽象等；翻译策略又分为直译与意译、异化与归化、语义翻译和交际翻译等。译者在翻译过程中选用哪一种翻译方式或翻译策略，要根据译文的目的与功能确定。

在翻译之前，译者必须先仔细分析原文，因为这是保证准确、全面地了解源语文本的唯一途径。诺德指出，以翻译为导向的文本分析不但要保证全面了解和准确理解文本，还要为译者在具体的翻译流程中需要做出的具体选择提供可靠的基础。所以，文本分析的重点应当放在译文的总体概念上，为译者提供永久性的参考框架。而诺德的原文分析包含了文外因素和文内因素。文外因素包括文本作者或发送者、发送者意图、文本的读者对象、文本的交际媒介或渠道、文本生成和接受的时间及地点以及交际动机和文本能够实现的功能；文内因素包括题材、内容、前提、构成、非语言成分、词汇、句型和超语段特征。文内因素和文外因素之间相互作用。对原文进行细致的分析是翻译的重要步骤，也是准确理解原文的前提。

(三) 分析原文

在翻译之前,译者首先要通读几遍原文,以明确作者的写作意图,之后方可动笔翻译。有些译者在翻译的时候,往往拿到一段文字就开始逐句翻译,看到什么就翻译什么,而不是先通读原文,看整篇的内容究竟是什么,这样翻译出来的作品必然无法正确表达作者的意思。因此,译者应该在通读的过程中把生词全部画出来,并对专业术语进行标注,然后查阅资料,确定专业术语的正确翻译,并注意通篇用语必须统一。在开展翻译工作时,委托人经常要求译者列出术语表,让译文读者一目了然。当同一篇文章由不同的译者共同翻译时,统一用语就变得特别重要,否则同一短语在同一篇译文中很可能出现不同的表述方式,给阅读理解造成障碍。

(四) 了解原文

了解原文是在通读原文的过程中完成的,是整个翻译流程的关键。了解是表达的基础,表达则是了解的结果。只有全面了解原文才能实现准确翻译。因为原文内容可能是关于任何领域的,而译者不可能了解每一个领域,所以在运用自身的专业知识和词汇储备无法了解原文的情况下,译者需要准备一些和原文有关的专业知识资料,以助于了解原文。

(五) 语际转换

翻译是一个高度复杂的认识过程和心理过程,涉及源语和目的语间的语际转换,也涉及原作者和译者之间、原文与译文之间的相互关系。对翻译进行研究,根本上就是对翻译过程和翻译结果的研究。学者们总是强调获得好的结果(译文),却往往忽略了对产生结果的过程进行研究。目前,翻译研究的重点已经由对翻译结果的主观性评价转到了对翻译过程的理论性研究上,这也是翻译研究的未来发展趋势。

(六) 审校译文

审阅校对是保证译文品质的最后一步,其重要性不言而喻。在翻译时,译者因为时间仓促或翻译疏忽,常常会漏译或误译一些关键信息,所以在第一遍审校时需要反复推敲，更改这部分的错误。在第二遍审校中，译者要脱离原文，看译文有无语言不畅的地方，或不符合译入语表达习惯的地方。如果时间充足，就应该进行第三次审校，以保证译文畅达自如。审校主要有三个作用：第一，看翻译中有无漏译，若有，把漏译的地方补上，完善译文；第二，改正误译；第三，润色语言，并修改会令人理解困难的地方。

第四节 翻译的基本方法

英语翻译始终是英语教学中的重要环节，广大学生应该紧跟社会发展的脚步，不断提高英语翻译技能。下面将重点对英译汉中的翻译技巧进行介绍，期望能够帮助学生了解英汉转换的基本规律与方法，提高学生的英译汉水平。

一、字词翻译技巧

（一）词类

对字词含义的选取，首先应确定这个词在整个句子中的词类，之后再根据词类选取相应的含义。比如 round 和 up，两者的词类都有形容词、副词、介词和动词，但是它们的词义有所不同。

（1）round 为形容词时，例如：

He has got a mellow, round voice. 他的嗓音圆润而嘹亮。

（2）round 为副词时，例如：

Come round and see my new house today. 今天来看看我的新房子吧。

（3）up 为介词时，例如：

The ship is sailing up the river. 这艘船正往上游驶去。

（4）up 为动词时，例如：

Prices are being upped by 15%. 价格上涨了 15%。

（二）字词的搭配习惯

英语和汉语词汇的搭配方式大多为动词和宾语、名词和形容词之间的搭配，但也有一定的差异。在遇到这一类问题时，必须按汉语的习惯用法翻译。

1. 动词与宾语搭配

（1）She killed a robber. 她杀死了一名盗贼。
（2）I had to kill five hours. 我还得打发五个小时的时间。

2. 名词与形容词搭配

（1）He is a strong man. 他是一位健壮的男子。
（2）She made a strong case for cutting taxes. 她给减税列出了充足的理由。

（三）字词的使用场景

相同的英文词汇在不同场景中也会有不同的意思，因此译者在处理这类情况时应认真考察特定的情景和前后文的关系，并选取最佳词义。例如：

（1）The explosion claimed four lives. 大爆炸共造成四人死亡。
（2）This case claimed their attention. 这个案例引起了他们的关注。

claim 的动词含义为"（根据权利）要求，索取（称号、财产等）"，名词含义为"（对某事物的）权利，要求权，所有权"，但上面两个句子如果单纯引用词典的解释来翻译，表达就会生硬甚至存在歧义。

（四）调换字词

根据汉语的表达习惯和句子含义、形式上的要求，加上原文在含义、形式上缺少的部分，可以调换翻译的字词。例如：

In my first year of study I had a lot of grammar and spelling mistakes.
我学英文的第一年在语法和拼写上都有不少错误。

此外，明喻在英译汉中通常都使用直译的翻译方式，但如果喻体与主体的关联不是很直接，直译会使读者产生理解障碍，就必须采取意译的方式。例如：

（1）His brother has been as sulky as a bear since he lost his job.
他的兄弟在失业后脾气非常暴躁。

（2）Either you do it, or I will get somebody who will.
要么你去做，要么我派愿意的人去做。

由于汉语并无描述时态的字词，故在翻译时应注意添加时间副词或助词。例如：

We can learn what we did not know. 我们能学到我们过去不知道的事情。

在英译汉时，名词复数如果在翻译中可意会，或数量不是重点，不译也不影响意思表达，则可不译。但若不译就会造成错误，就要在翻译中加词体现出来。例如：

The teacher carried on work in spite of the diseases.
虽然疾病缠身，这位教师还是坚持上班。

在英语句子的表述中，常常遇到由动词变转为名词、非谓语动词等情况，在翻译成汉语时，可以按照实际意思把这些词的词性进行相应的转换。词性转换就是指在翻译的过程中，为使译文更加接近目的语的表述习惯，可以对译文的词性加以转换，也可对英语中的语态和句式加以转换。例如：

The author is critical of man's negligence toward her shortcomings in her article.
在这篇文章中，作家对人们忽视自己的缺点提出了批评。

在这个句子的译文中，形容词就全部转换为名词。因此，要按照目的语的表达习惯进行转换，使句子表达更完整。

（五）抽象名词的翻译

以英语为母语的群体较重视抽象思维，善于用抽象的概念说明具体事物，而抽象名词的译法一般比较复杂，译者需要在理解语境的基础上判断词语的具体含义，把抽象名词、抽象概念等具体化，以减少因语言表达习惯不同而造成的差异。例如：

（1）His grades made him the envy of everyone in the class.
他的成绩使他成为班上每个同学羡慕的对象。

在该句的翻译中，应结合上下文，把英语中抽象名词"envy"的抽象意义具体化。

（2）I have too much to tell him. 我有太多的话要对他说。

在这里将原句中的"much"译为"太多的话"，译文会更自然通顺。

二、翻译的方法

（一）直译与意译

所谓直译，就是在翻译中既保留原文内容，又保留原文形式。意译指在翻译的过程中舍弃原文的表达方法，寻找与其等效的新表达方法，并对原文结构做出较大改变或调整。但片面地强调一种方法而轻视另一种是不正确的，因为所用的翻译方式要看句子的具体内容而定。下面主要通过一些例句来说明直译与意译之间的区别。

（1）You have my sympathy.
直译：你有我的同情。
意译：我同情你。

这句话的直译十分生硬，译文容易使人看不懂；意译尽管在形式上并不一致，但是可以正确地表述原文的内容。

（2）Nothing seems to be too much for you to make our stay here comfortable and enjoyable.
直译：对你们来说，似乎没有什么东西是大的，为了让我们在这里住得舒适、愉快。
意译：为了让我们在这里待得舒适、愉快，你们似乎是不惜一切的。

这句话的直译过于拘泥原文中的词义和句子形式，并不符合汉语的语言表达习惯，但该句的意译却通过引申让原文的意思一目了然。

（二）明喻和暗喻

利用比喻这一修辞手法可以增强语言的感染力，使语言更加生动，充满美感。下面以明喻和暗喻来进行英译汉的对比与研究。

1. 明喻的翻译

He is as sly as a fox. 他像狐狸一般狡猾。

因为英汉两种语言中的狐狸有共同的形象，所以在这里可以直译，直接把英文原句中的比喻词语转换为与中文对应的比喻词语。

英译汉时，必须按照英文原文意思选择正确的中文词汇来表达英文词义。词汇之间的搭配是灵活多样的，如果想要正确地表述原文的字词含义，就需要根据语境或者全文意思来加以诠释，仅凭词典中的释义翻译，只会表达生硬，甚至产生歧义。所以在处理英文原文时，切记不要只使用其表面意思，而应通读上下文，认真地理解词语在文中的含义。

2. 暗喻的翻译

暗喻是一种能修饰语言的方式，它能够变抽象为具体，还可以给予读者自由想象的余地，从而表达出作者的思想感情。暗喻在翻译中通常可以转化为明喻，或是采用意译等方式。例如：

I will tell all the girls, the old cat.
我会告诉所有女孩子，这个长舌的老恶妇。

在英语中"cat"可以用来比喻爱讲别人坏话的女人，但是汉语中的"猫"并不能对应这层意思。但在此处因为顾及说话人的态度，所以可以意译为"长舌的老恶妇"。

翻译技能的提高并不是一蹴而就的，需要在掌握翻译理论后大量应用，并了解英汉两种语言各自的特点与表达方法，以逐步提高翻译技能。通过比较这两种语言结构，可以找出相应的规律，为翻译理论的应用打好基础。

（三）灵活翻译法

　　灵活翻译法是指对文字内容进行灵活的转换和翻译，这种方法一般是指对译文内容的局部不设固定的框架，而是按照上下文的具体含义和文章的整体思想进行灵活翻译。比如常见的"not...until"句型，其含义为"直到……才"。例如"He didn't eat dinner until his mother go back."，若采用直译法，则译为："他还没吃饭，直到他的母亲回家。"这个译文是不妥的，该句应当译为："等到他的母亲回来后，他才能吃上晚饭。"这个方法也适用于不能一眼就看出含义的句子。在实际的翻译过程中，译者经常在直译之后发现句子的含义与上下文之间并不连贯，这时就需要试着使用灵活翻译法，同时，译者还必须了解英语的某些固定搭配，这样在翻译工作中才能达到事半功倍的效果。

（四）增译法

　　因为英语和汉语存在文化背景的差异，所以两种语言的思维方式与表达句式也存在较大的差异。在翻译时，为了贴近目的语的表达习惯，不能采取直译的方法，而要根据句子的含义和文化背景做出一些相应的调整，如增加某些单词、短语或调整句型，表达出原句的真实含义。需要注意的是，要添加准确的词汇及句子，让读者能够正确理解原文，避免产生歧义。
　　运用增译法，要求译者既保证译文语法结构的正确，又使原句含义的表达清晰完整。添加不能是盲目的，而是要在分析原句的基础上，找出原句中隐含的词汇及省略的成分，同时注意一些概括性与解释性的词。翻译完成后，译者要再对句子进行润色与调整，以使句子通顺无误。

（五）省译法

　　所谓省译法，就是根据句子的表达句式、语境及语言的表达习惯，在进行翻译时对某些成分进行适当的省略。使用这个方法时要注意，不得对表达句子中心意思的词语进行省略，应只对一些虚词或者对表达没有影响的词语进行适当省略，一定要遵守保持原句意思不变的原则。在通常情况下，英文中的一些代词、冠词以及连词都可以省略，省略后可以使句子更通顺，意思的表达更精练。例如"She was late for half an hour at the first meeting and left a bad image for everyone."，意思是"她首次会议就迟到了近半个小时，给大家留下了不好的印象"。这个句子中的第二个主语"she"在翻译时就被省去了，符合汉语的表达习惯，使句子更简洁。

（六）词类转换法

在实际的翻译过程中，针对英文中的许多名词、动名词、表语名词等，译者可以对其词性加以变换，这种方式就叫"词类转换法"，借助词类转换法，译者能够使译文更为符合中文的表达方法与表达习惯。例如人们在学英文的时候经常会发现，英文句子都是把时间以及地点放到整个句子的后边，而把动词放在前边，最后都变成了倒装的句子。在译成汉语时就能够利用词类的转换，将表示时间和地点的词转换为比较适合汉语句子结构的词。因为这样的表达比较符合汉语的表达习惯，所以词类转换法也是具有较大应用价值的。

（七）意译和音译

当原文的表达在目的语中无法找出对应词汇的时候，一般采用意译法，例如"to face the music"这种短语，就可使用意译法译为"临危不惧"；而音译法与其相似，比如当英文的地名在汉语中无法找出对应词汇的时候，往往使用音译法。例如"坦克"，其实就是"tank"的发音。意译法与音译法在很多无法共通的词汇中有了用武之地，例如我国的很多地名都是使用音译的方式翻译成英文的，如"北京市"译为"Beijing"。

在翻译过程中，译者不但需要深入掌握各种翻译方式和技巧，而且必须对不同翻译方式和技巧进行综合运用。译者大可不必按部就班地去翻译，完全可以灵活翻译。

第二章 大学英语翻译教学模式

第一节 数字化时代下的大学英语翻译教学模式

语言作为人与人之间最主要的交流工具，在社会经济发展的过程中有着至关重要的作用。在数字化时代下，传统大学英语翻译教学模式已无法满足市场经济发展的新要求，只有进一步加大传统英语翻译教学模式改革和创新的力度，建立更加适应数字化时代的英语翻译教学模式，才能推动英语翻译教学效率和教学质量的稳定提高。下面重点就数字化时代下的大学英语翻译教学模式展开分析和研究。

一、构建数字化翻译教学平台

因为传统的英语翻译教学已经无法适应数字化时代对英语翻译教学提出的新要求，所以只有加大对现有翻译教学手段创新的力度，挣脱传统教学手段对英语翻译教学的束缚，才能推动英语翻译教学的全面进步。发挥数字化时代的资源优势，构建数字化的英语翻译教学平台，可以为英语翻译教学的顺利进行打下良好的基础。因为数字化翻译教学辅助平台的构建需要在电脑、网络等硬件与软件的支持下完成，所以学校应该按照实际教学的需要，购买电子设备与翻译软件等。此外，教师也应该在教学过程中指导学生掌握使用翻译软件的方式，实现提高学生翻译能力的目的。由于大多数领域的翻译名称都早已发展为固定的模式，所以迅速、准确地完成翻译也是数字化时代向翻译人员提出的最基本的要求。

二、构建数字化翻译教学互动平台

数字化时代下的英语翻译教学模式与传统英语翻译教学模式相比较而言,最大的优点是大大加强了教师和学生之间的交流和互动。数字化翻译教学互动平台不但促进了课堂教学过程中教师和学生之间的交流互动,同时也为教师和学生课后的交流与互动提供了平台。也就是说,数字化时代下的英语翻译教学活动挣脱了时间与空间对英语翻译教学活动的束缚。教师在课前课后充分运用社交软件,实现与学生的实时互动交流,也为英语翻译教学的顺利进行打下了良好的基础。另外,在数字化时代下的英语翻译教学中,教师还可利用网络平台发布自己无法解决的翻译问题,寻求专业人士和学者的帮助。数字化时代下的翻译教学互动平台,既实现了教学资源的有效共享,也促进了学生学习积极性和主观能动性的提高,加强了教师与学生之间的合作。

三、翻译作业的布置

在传统的大学英语翻译教学模式下,翻译作业由布置到完成遵循如下过程:由教师按照教学要求给学生布置好翻译作业,学生在完成作业后上交,由教师批改并进行讲解。在数字化时代,教师在布置翻译作业时,主要通过互联网辅助教育平台组建以班级为单位的翻译群来布置。这种布置作业的方法和传统方法相比较而言,最大的不同就是能够充分调动学生的学习积极性和主动性,进一步增强学生的团结合作精神。同时,通过这种多元开放的英语翻译教学模式,教师除了可以布置与学校课程有关的翻译作业以外,还能够加大与翻译企业之间的合作力度。承揽企业的翻译任务后,教师先指导学生按照自身的兴趣与爱好选择最擅长的领域;学生在完成翻译任务后,再由教师或企业专业人员根据翻译规定实施检查工作和质量把关,并针对学生在翻译过程中遇到的问题适时提出建议与改进方法,从而促进学生翻译能力和翻译技术水平的全面提高,为学生走上工作岗位打下良好的基础。

四、翻译测试的多样化与市场化

传统大学英语翻译教学模式下的测试主要是由教师出考卷,学生完成考卷,然后教师评分,这样单一的测试方法最主要的目的就是检测学生的背诵和双语转换能力。但从实际情况来看，学生在测试中翻译材料时，往往只是凭借自己课堂上的记忆完成对资料的翻译。而在数字化时代下，翻译测试的内容与形式更加灵活多样。借助数字化翻译教学平台，教师能够按照学生的实际情况设置测试的时间，学生在测试的过程中也能充分利用在日常学习过程中建立的小型资料库顺利地完成测试。此外，学生在测试过程中如果遇到问题，可以利用互联网向教师求助，而教师则按照相应的评价标准对学生的测试成绩进行客观公正的评价。

综上所述，为推动数字化时代下的大学英语翻译教学效率和质量的全面提高，需要进一步加大对大学英语翻译教学内容、教学方法、测试方法等各方面改革和创新的力度，以实现数字化时代下翻译教学工作的目标。

第二节 交互式大学英语翻译教学模式

在社会经济的发展以及课程改革的推行背景下，想要有效培养大学生的综合素质，就必须研究新型的教学模式或者教学手段，以满足新时期的教学需求，使大学生在将来可以更好地投身于社会主义建设，为国家做出贡献。

交互式大学英语翻译教学模式对培养大学生的综合素质具有十分重要的影响。在这种教学模式下，学生的英语综合能力得以显著提高。下面将就交互式大学英语翻译教学模式的建构加以分析和说明。

翻译的过程，就是将第一语言译为第二语言或将第二语言译为第一语言的过程，在这个过程中学生的思维会发生转换。所以，翻译教学不但有效培养了学生的语言运用能力，还有效提高了学生的思维发散能力，在通常情况下，学生如果想很好地掌握和运用英语翻译能力，其前提是必须具有相应的第一语言能力和第二语言能力，同时，学生还必须具有相应的超语言能力。在这里，超语言能力就是第一语言和第二语言之间的转换能力，而翻译正是培养学生语言转换能力的最佳方式之一，英语翻译教学可以使学生具备这种语言转换能力。在翻译教学中，教师还需要传授给学生各种翻译策略和技巧，使学生能够更好地进行语言转换。在传统的英语翻译教学中，教师只注重课堂教学的成果，而忽略了学生思维能力的培养。传统的翻译教学具体实施过程如下：先由教师介绍一些英语翻译的基础知识，继而布置若干相关的习题，并要求学生在大量的训练中逐步积累和掌握翻译技能。这样的教学模式不仅不利于培养学生的综合能力与主观能动性，还严重限制了教师教学能力和教学水平的提高。交互式大学英语翻译教学模式不但能够训练学生的翻译能力和综合素质，而且能使学生主动地投入课堂学习，有效提高英语翻译水平。

交互式英语翻译教学模式是基于建构主义理论所提出的新教学模式，建构主义理论强调个体必须通过个人经验来对客观事物进行主观认知和意义建构。所以，在大学英语翻译教学中，教师必须以学生的学习过程为核心，避免知识的简单传递。建构主义理论对大学英语翻译教学的影响主要有以下几点：

第一，由于学生在英语翻译教学中占据主体地位，所以教师必须不断总结成功的教学方法，把英语翻译知识及技能传授给学生，从而使学生可以对翻译知识及技能进行建构，并最终形成自己的翻译能力。

第二，学生的学习过程也是一个研究、解决问题的过程，所以在英语翻译教学活动中，教师必须以培养学生的自主分析和解决问题能力为重心，使学生在参与社会活动时能够对周围的事物进行仔细观察和分析，找出其中的问题或规律，并针对这些问题寻找有效的解决办法。这种能力培养不管是对学生的未来发展，还是对学生的综合素质的培养都有着非常重要的意义。

第三，翻译学习对学生来说是一种交互式的活动，不论是教师与学生之间的交互，还是学生与学生之间的交互，都形成了互相帮助的现象，而这些交互行为不但有效促进了学生对英语翻译知识和技能的构建，还减少了学生的学习焦虑，从而帮助学生在互动的环境下掌握翻译知识和技能。

美国某大学校长曾提出交互式语言教学模式，而这种语言教学模式在相关实验中均有不错的成效，这种语言教学模式也得到了广泛应用，有效提高了学生的语言学习成绩。交互式大学英语翻译教学模式以语言习得和教学理论为基础，强调教师必须根据学生的个人需求及自身特点，采取相应的教学方法开展语言教学，以调动学生的学习兴趣，同时促进学生与教师之间形成互动，并以此形成生动活泼的语言课堂气氛。由于英语翻译教学活动有着一定的语言互动性特征，所以交互式语言教学模式可以促使学生积极参与到英语翻译课堂中，进而促进学生自觉吸收和掌握翻译知识和技能，有效地提高学生的英语翻译水平。

在英语翻译教学中实施交互式教学模式，并不仅仅是由课程特点决定的，也是由学生的个性化需求决定的，而这种教学模式主要是按照建构主义理论的基本原则构建的。交互式大学英语翻译教学模式增进了学生和教师之间的感情，使学生在愉快、生动、活泼的课堂环境中主动掌握英语翻译知识和技能，在潜移默化中逐步学会如何运用翻译知识和技能，从而极大地提高了学生的英语综合能力。

第三节 合作学习理论下的大学英语翻译教学模式

一、合作学习理论概述

合作学习兴起于 20 世纪 70 年代初的美国，并在之后的 15 年中逐渐获得了实质性发展，成为一种相对完善的教学理论与策略体系。合作学习以教育学、社会心理学和认知心理学等为理论基础，以小组活动为基本的教学方式，以完成共同的学习任务为教学目标。在具体教学中，各小组成员之间责任分工清晰明确，通过合作性学习完成共同的任务。由于最终以小组为单位进行成绩评价，合作学习将学生的个人利益和小组的集体利益紧密结合在一起，有助于培养学生的合作精神和积极认真的学习态度，同时也有助于培养学生探索、发现问题和分析、解决问题的能力，为培养高素质的应用型人才打下了良好的基础。

二、合作学习理论在大学英语翻译教学中的运用

合作学习理论在大学英语翻译教学中的运用分为三个阶段：合作翻译前的准备阶段，合作翻译中的管理阶段和合作翻译后的评价阶段。

（一）合作翻译前的准备阶段

这一阶段主要包括小组划分、任务制定及与翻译有关的知识点介绍等。在组织小组开展翻译任务之前，教师必须首先按照学生的英语水平、学习风格等做出合理的分组。

然后教师通过广泛搜集材料，确定恰当的翻译素材，并设计具体的翻译任务。此外，在翻译任务开始前，教师还必须在课堂上留出一定的时间，提前对翻译素材中的重点以及难点进行讲解，解答学生对文本特点、翻译技巧等方面的困惑，为之后的小组合作翻译任务指明方向。

（二）合作翻译中的管理阶段

在这一阶段，学生之间必须合作完成共同的翻译任务，教师则主要负责推动和管理整个合作翻译的过程，并在必要时提供帮助。

学生的翻译过程包括小组成员独立翻译及小组讨论两个方面。拿到翻译任务后，小组成员可以通过讨论来加深对翻译素材的理解。之后，小组成员可以依靠自己所掌握的语言知识和翻译方法去独立完成翻译。在翻译过程中，学生可以适当地借助词典查找个别术语的意思，也可以向小组成员或教师求助翻译中的部分难点，但是总体上必须独立完成翻译任务，不能过度依赖小组成员或教师。

在小组成员分别独立完成翻译任务后，小组可以就译文展开讨论。小组成员可以从选词、句型、语法等方面进行交流，互相学习，取长补短。同时，针对大家在翻译过程中遇到的困难进行探讨，并将翻译时的具体思路和采取的翻译技巧记录在翻译笔记上。最终在小组合作的基础上给出大家都认可的译文。

（三）合作翻译后的评价阶段

评价在合作教学中的意义重大，因为合理的评价方法可以调动和培养学生对学习的兴趣。合作学习中的教学评价分为小组互评和教师评价两方面。

评价工作首先应该在各小组的内部进行。在完成翻译任务之后，各小组之间可以相互批阅译文，学习对方翻译的精彩之处，并对对方翻译的不足之处给出相应的改进建议。小组之间完成互评后，以课件的方式在全班范围内展示翻译情况，并对翻译过程中的具体思路和翻译技巧等加以解释说明。在各个小组完成任务后，教师要对学生的翻译结果做出合理的评价，既不吝于表扬学生翻译的精彩之处，也不要无视学生翻译中的错误，对学生的错误要给出有建设性的修改意见，指导学生去发现翻译的规律，总结具体的翻译方式与技巧，最终提高翻译能力。最后，教师要与学生一起对所有小组的译文进行评价，对优秀的小组给予相应的奖励，以激发学生学习翻译的动力。

综上所述，合作学习有利于弥补以教师为中心的传统大学英语翻译教学模式的缺陷，真正建立以学生为中心的现代大学英语课堂。将合作学习理论运用于大学英语翻译教学中，学生以小组为单位完成翻译任务，既能够自主完成翻译练习，又能够通过相互探讨激发学习热情，在合作中逐步培养翻译能力。

第四节 基于语料库的大学英语翻译教学模式

一、语料库在大学英语翻译教学中的应用价值

近年来，国家在英语翻译方面的人才缺口很大，各行各业都需要专业性强、综合素质高的高级翻译人才，而英语专业学生对其他行业内专业英语的掌握程度往往不如该专业学生，缺乏其他专业知识背景。因此，不应该局限于英语专业内培养翻译人才，同时也应该培养掌握核心专业知识的翻译人才，以适应社会与市场对专业英语翻译人才的需求。这里的专业并非英语专业，而是其他行业，如建工、机械等行业的英语翻译，这些行业有着很强的专业性，要求翻译工作人员在具备基础翻译能力的同时还要深入掌握行业知识，因此，翻译人才的培养不能仅仅依靠英语专业，工科专业学生自身的翻译能力培养也是十分必要的。

基于语料库的大学英语翻译教学是一种具有普适性的英语翻译教学方法，在教师演示与指导之后，学生能够借助语料库，更加全面、详细地了解英语与汉语的特点、差异以及不同译文在句子结构、语言风格和词汇运用方面的差异，学生能够自发或者在小组帮助下及时发现相关翻译问题，从而快速提高翻译能力。

二、基于语料库的大学英语翻译教学模式

（一）教学思路

应用语料库的大学英语翻译教学采用数据驱动的教学方式，符合建构主义教学模式的基本要求，因此基于语料库的翻译教学要将建构主义思想充分发挥出来，改变传统的教学理念。教师充分应用语料库，为学生展示应用语料库进行翻译学习的便利，之后向学生传授语料库的使用方法，开展必要的培训，并鼓励学生自主应用语料库，解决实际翻译问题，认真分析、总结。教师也可以组织学生形成学习小组，在教师的协助与引导下，逐渐积累翻译知识，在必要的联系强化下巩固翻译认知结构。

（二）在词语搭配教学中的应用

词语搭配是语料库语言学的中心，在大学英语教学中，词汇的学习、应用和搭配也是重点内容，但是在教学过程中却存在着教学方法相对单一的问题，很多教师都只在对词汇的基本含义进行讲解之后向学生介绍一些相关的搭配方式，这类搭配可能是一些约定俗成或者来自字典的用法，虽然不会存在语法方面的错误，但是在翻译工作中却可能存在不地道、过于形式化的问题，不利于进行准确、恰当的沟通。

如教师在介绍"adapt to"和"be adapted to"这两种 adapt 的搭配关系时，让学生通过语料库搜索相应语句，可以得到类似下面的结果：

（1）He tried hard to adapt himself to the new conditions.
他努力适应新环境。

（2）He has not yet adapted to the climate.
他还没有适应这里的气候。

（3）Failure of big companies is adapted to changing circumstances is one of the fundamental puzzles of business world.
大公司无法适应不断变化的环境是商界的基本谜题之一。

学生朗读和翻译这几个例句后，便可以体会到这两个短语间的差别，"adapt to"是 adapt 的及物动词用法，一般为"adapt oneself to"，表示适应、改变，而"be adapted to"是 adapt 的不及物动词用法，表示被动适应。学生在对搜索结果的分析和理解过程中，

有效培养了观察能力、分析能力和语言能力,而通过对词语搭配问题的深入研究,学生也可以更好地掌握词语搭配的基本逻辑与规则。

(三) 基于频次的词汇教学

语料库凭借其超强的统计分析能力,可以非常直观地显示用户词汇的使用频次,而对词汇的使用频次进行分类,又可以将词汇分成最常用、常用、不常用等几种。尽管这样的数据通常是机械的,但是对翻译教学而言,根据使用频次找到高频、高价值词汇,就可以在短期内通过对高价值词汇的教学,让学生快速掌握80%的普通文字表达。语料库中存在大量的语言素材,教师通过搜索词汇,可以掌握词汇在语言素材中出现的频次,从而区分高频词汇与低频词汇。一般而言,出现频次最多的前4,000个词构成了全部语言文本的86.8%,而前2,000个词所构成的句子则占全部语言文本的80%,而这些高频词往往都具有长度较短,语言表达基础、日常的特征。价值最高的一部分词汇,往往出现在词汇表顶部,从语言心理学角度上来说,位于顶端的词汇更易于让人牢记,在一定程度上对学生掌握高频词也有较大的帮助。借助学生的词汇使用频次,教师可以优化教学中的词汇结构,使学生在学习相对较少的新词汇的同时,掌握更多的普通文本的表达与翻译方式,这对实现更高效的大学英语翻译教学具有重要的促进作用。

采用基于语料库的大学英语翻译教学模式,可以有效培养学生自主学习、发现与总结的能力,从而加深学生对英语语境的理解,建立翻译思维。

第五节 基于认知语言学的大学英语翻译教学模式

一、认知语言学的理论内涵及其应用价值

认知语言学是一门语言学科,在其所谓"结合"的理论中,"语言学+心理学"是最主要的结合形式。认知语言学的理论内涵其实是带有一定哲学特征的,研究人员认为,

认知语言学是以经验哲学作为基础，将语言的形成和传播过程定义为依靠习惯和认知而存在。换言之，认知语言学就是以人类对一切事物的认知作为基础，认为人类是在不断认知、不断调动认知的基础上，从而掌握了母语和第二语言的。相比于简单的记忆学习，研究者更偏向于辩证语言的习得是以"心"和"理解"为基础的常识调用活动，一切习得过程都将是建立在对本身概念的理解之上。也就是说，只有当人们对一个事物、一类事件有明确的经验和个人见解时，人们才能够掌握与这类事物或事件对应的语言。认知语言学还指出，一门语言的形成即使是以语音和句法等根本含义为主，但其形成也必然是建立在客观真实的条件下，与人类主观意识和保有的知识系统密不可分的哲学过程。

二、基于认知语言学的大学英语翻译教学模式

（一）教学前阶段

在开始线下教学前，教师通常需要利用一些简单的手段将学生头脑中关于英语翻译的经验印象进行巩固。首先，教师可以利用网络资源，即在学校的网络资源平台上，或以班级为单位的社交软件平台上，公布下堂课的基本教学内容和教学大纲。然后，教师还应在线下教学开始之前，要求学生对所发布的基本知识点等内容加以了解，当学生对部分知识点有理解上的困难时，可以先通过网络搜索资料或查阅书中可以参考的内容，自发地对疑问或基础知识点加以剖析。如此，具有基础英语翻译能力的学生，就基本可以通过自学对部分教学内容形成相对熟悉、细致的印象。学生在了解新翻译知识点的过程中，为实现"理解"这一举动，将会在脑内进行经验的搜索，进而实现认知语言习得思维的过程体验。

（二）教学过程

在实际运用认知语言学的教学过程中，教师一定要稳把教学"过程"的作用优势，在突出优势的理论定向内容设计上，教师也可把教学思路划分为两个方向：一是求同，二是存异。求同是指，教师在介绍翻译方法和翻译要求的过程中，采用中外对照的方法，在板书上或课件上将中英译文的共同特点表现出来，从一个比较清晰的视角使学生明确中英译文之间的"相同"思路，如中文与英文中都有"主谓宾"。充分调动学生在语言习得经验中关于中文词汇属性的记忆点，以便学生在学习英语翻译逻辑中的词汇属性时，

可以具有联系性地加以记忆，有助于突出记忆中的语言习惯与经验价值特征。而"存异"也同样采用了立体化对比的形式，突出"不能使用"的翻译句子方式和语法内容。基于此，教师要选择比较接近学生经验的比对内容，通过调取学生在常规认知中的印象，将学生翻译思维中关于中文语境的经验信息提取出来，而后再通过存异的方法，使新学习的翻译知识和经验知识相关联，并以此让学生对英语翻译思维逻辑产生比较简单的识记。

（三）练习过程

课堂练习也是教学的重点内容，其意义在于能够通过精化学生英语翻译知识保有度，将学生对当堂所学知识的记忆真正移动到"可应用"层面。在课堂练习环节中使用的所有测评和练习内容，都需要教师以所学知识范围和难易度进行科学化和规律化的编制。而后在实际的练习过程中，教师要使用比较简单的翻译内容作为铺垫，充分遵循认知语言学中"语言能力的所得必然是从简单的认知再到概念知识的过程"这一理论。因此，教师需要充分考虑到学生的认知过程、语言结构等层面，以循序渐进的方式逐渐提高学生在英语翻译层面的掌握程度，彻底改变学生死记硬背的学习方式。

（四）课外学习阶段

1.需增强对词汇记忆的关联能度

在英语翻译的过程中，文化习得、技巧习得等层面虽然具有重要的作用，但词汇是构成英语语句的最基本元素。因此，教师在优化教学模式的过程中，也应该在课外环节增强学生对词汇记忆的关联能度。首先，教师可以使用阅读记忆的形式加深学生对小范围词汇的经验印象，如可使用课上所学阅读翻译内容中的生词，令学生在有一定汉语印象的条件下对这些生词进行反复记忆。其次，教师也可以使用信息化的教学辅助资源，如以形象记忆为主的单词背诵软件，从而以图像的形式增强学生对部分单词的印象。

2.需提升学生对英语文化背景的认知能度

在认知语言学的哲学思论范围中，当涉及多方文化交融习得时，学生除了要调动汉语的语言经验外，还需要充分了解英语文化和语境。如此，学生便能够在建立双语思维的条件下，提高自身对跨文化语境的翻译反应程度。当学生对英语国家文化有深入的了解时，就自然能够在学习中直接建立与翻译语境相关联的思考内容，减少学习过程中出现的认知偏差。

第六节 多模态理论下的大学英语翻译教学模式

一、理论依据

多模态话语分析理论兴起于 20 世纪 90 年代，它以韩礼德的系统功能语言学为理论基础，将图像、声音及动作等作为语言符号性的研究重心。研究认为，除语言符号外的其他非语言符号系统也是意义的源泉，非语言符号同样具有语言的系统性和功能性；不同的符号模态可以表达相同的意义，语言和非语言符号也是意义建构的资源，由多种符号系统构建的多模态话语同样具有概念功能、人际功能及语篇功能。而多模态教学作为一种教学理论，它主张利用网络、图片、声音等多种教学手段来调动学习者的多种感官参与到语言的学习中。学者克瑞斯和勒文在其著作中探讨了如何在课堂中开展多模态教学，指出了图像、手势及动作在教学过程中的作用。国内语言学家胡壮麟、朱永生等也对多模态话语分析理论在教学领域的使用进行了研究，认为在数字化信息时代及多媒体技术被广泛使用的背景下，利用多模态教学理论构建多模态化的教学模式是时代发展的需求，是促进语言教学发展的重要途径。因此，在大学英语翻译教学中实施多模态教学势在必行。教师可以凭借多媒体技术，在课堂上借助声音、图像及文字等符号，在教学过程中构建多模态教学模式，刺激学生视觉、听觉等感官，提高学生对语言信息的认知能力，达到更好的教学效果。

二、多模态翻译教学模式的可行性分析

多模态教学就是指在多媒体环境下,教师充分调用语言、图像、声音等多模态获取、传递和接收信息。随着多媒体教室与校园网的普及,计算机、多媒体及网络技术在英语教学中已得到广泛使用,它们具有信息量大、信息输入手段多样化等特点,为英语学习者提供了无限的学习资源和有利的学习条件。在大学英语翻译教学中,多媒体教学有助于提高教学的效率,扩展相关翻译理论知识,增加英语学习者课内的翻译实践机会,改变了传统以教师讲授为主的单一课堂教学模式。

(一) 多媒体是多模态教学的保障

多模态教学就是要利用多种手段(图像、声音、动画等)来刺激人的视觉、听觉等多种感官,从而达到交际效果。基于计算机的网络教学为英语学习者提供了无限的资源和有利的条件。随着大学英语教学改革的不断推进,多媒体教学在大学英语教学中得到普及,现有的英语教材大都是为多媒体教学设计的。因此,在大学英语翻译教学过程中,教师要充分利用多媒体技术信息量大、交互性强的特点,提高大学英语翻译教学的质量和效率。

首先,教师可以分类建立包括课件、视频、音频及图片在内的大学英语翻译教学资源,教师在教学过程中可以及时检索和更新所需素材,保证翻译教学的时效性;其次,教师可根据所教班级的专业特点和学生兴趣,选择相应的学习素材上传至网络学习平台,让学生进行实践训练,做到理论学习与翻译实践相结合。同时,在多媒体技术支持下,教师能够及时地了解学生学习和实践情况,并及时指导。总之,在多媒体条件下,教师可以通过文字、图片、音频、视频及课件等来训练学生的视觉和听觉等感官,以此提高学生的语言表达能力及信息输出能力。

(二) 多模态大学英语翻译教学模式的优势

作为传统大学英语翻译教学模式的补充,多模态大学英语翻译教学模式有其内在优势。

多模态大学英语翻译教学可以使学生的多种感官参与到翻译学习中,激发学生的学习主动性。多模态强调多种感官并用,在教学过程中,教师可以利用多种教学资源来激活学生的感官,以加深学生对所学内容的理解与记忆。同时,多模态的教学模式还有利于营造轻松、活泼、积极的课堂氛围,激发学生学习语言的积极性。譬如在翻译教学中,

教师可以选择一部影视作品中的经典片段让学生欣赏,并在观看的过程中选取经典句子让学生翻译,之后给出参考答案供学生分析讨论。声音、图像和文字等多种形式为学生营造了较为真实的语言环境,学生的眼、耳、口等感官不断受到刺激,学习的积极性得到激发。

在课后的翻译学习活动中,在多媒体技术的支持下,学生可以利用教师多模态文本所输出的信息,重复观看、回忆、讨论,巩固所学知识,以增强翻译学习的效果。与此同时,由于有了多媒体技术的支持,学生可自行选取、收集和整理一些与自身实际水平相符的翻译学习材料,不断加强翻译练习,从而提高翻译能力和水平。多模态理论下的大学英语翻译教学模式提高了学生学习英语的主动性和积极性。

三、多模态理论下的大学英语翻译教学模式的特点

(一)教学内容呈现多模态

按照《大学英语课程教学要求》,大学英语教学的总体目标是培养适应社会发展需要的综合应用型人才。而现实是,目前在翻译行业从事翻译工作的人员基本都属于自由职业者,而专业翻译人员水平不均,翻译质量总体不高。在高等院校,翻译人才的培养对象也较为单一,仅限英语专业的学生。翻译的专业性和多样性要求翻译人员具有相应的专业知识和双语素养,而英语专业培养的毕业生往往在知识面的广度和专业知识的深度上都无法满足翻译行业的实际需要。在这种情况下,大学英语翻译教学也迎来了新的机会与挑战。为了培养能够适应翻译新形势与行业需求的综合应用型人才,大学英语翻译教学内容应实现多模态化。

教师除了讲授简单的翻译技巧和方法外,还应增加翻译理论、中西方语言文化对比、中西方翻译史和英汉语言对比等教学内容,让学生加强对语言和翻译的认识和理解。在传统的翻译教学中,教师往往依赖教材或是自己准备的资料,这种教学方法既费时又费力,还会影响翻译教学效果。多模态教学为传统教学提供了辅助,在翻译教学中,教师可以充分利用网络、语料库等收集大量翻译资料,供学生进行翻译实践训练,提高教学效率。

（二）教学手段呈现多模态

在传统的英语翻译课堂中，教师教学的工具一般为黑板和粉笔，而学生也总是在教师的要求下机械地完成翻译练习，之后再由教师评点。时间一长，这样单调的教学模式易使学生感到厌烦，不利于调动学生的主观能动性，学生的复习效率也较低。在多模态教学模式下，教师可以把翻译教学的具体内容以课件、音频、录像等多种形式展示给学生，让翻译教学更加充实、生动、形象，将教学效果最优化。比如，教师可以直接向学生放映某部影片的片段，在视觉、听觉上吸引学生，要求学生记下字幕，以小组为单位完成现场翻译。各个小组完成翻译任务后，先在小组内部交流、评价，并挑选出最优的译文，之后再由教师评价与讲解。这种方式既有助于激发学生的积极性，又能提高学生的课堂参与度。教师也可利用多媒体、互联网等技术，以班级为单位组建学习群，然后将翻译素材发送给学生，供学生翻译、探讨，进而产生较为理想的译文，最后再由教师对学生遇到的问题加以分析、解答，从而得出最佳译文。总之，多模态教学模式使教学范围由课堂内逐步扩展至课堂外，使教师与学生之间、学生与学生之间保持动态的信息交互。

（三）翻译实践形式呈现多模态

在传统的翻译实践中，学生只能依靠教师布置的任务提高翻译水平，这种形式单一且成效不佳。学校应当给学生创造参加翻译实践的机会，以提高学生翻译能力。

学校公共外语部应加强与各二级学院间的联络和合作，并定期组织符合本校学生能力的翻译比赛或交流活动，比赛形式可以为汉译英，也可以为英译汉；比赛内容可针对各二级学院的专业特色，选取适合其专业实际情况的单词、句子以及段落（翻译内容可以随着学生学业水平的提高适当增加难度）进行翻译。

学院还可以和翻译企业或机构合作，选送本学院的教师去学习，这既能增加教师对翻译行业的了解，也可以提高教师的实际翻译能力。同时，翻译企业或机构还可调派翻译人员来学校授课，使之了解该校翻译教学情况，并提出有建设性的意见，为学校培养优秀的翻译人才提供帮助。此外，学院还可以为翻译企业或机构的工作人员提供培训、业务咨询和理论指导等帮助，并对翻译企业或机构的优秀译员进行荣誉聘任，请他们来为学校做翻译专题讲座。翻译企业或机构也可将自身的翻译业务转包给学生，充分发挥学校人力资源上的优势，降低自身的劳务成本。双赢的校企合作方式为翻译理论和社会实践的结合提供了良好的条件，既让教师与学生在社会实践中进一步增强了自身的翻译能力，又为翻译企业或机构储备了优质的翻译人员。

以互联网信息技术为基础的多模态教学模式，给大学英语翻译教学带来了崭新的视角，弥补了传统翻译教学模式的缺陷，进一步充实了课堂内容，大大提高了大学英语翻译教学的效率。同时，现代互联网信息技术也为学生进行多渠道、多形式的翻译学习与实践活动提供了保障，大大提高了学生的自主学习能力。多模态实践形式提高了学生在翻译实践中的积极性与主动性，也提高了其翻译能力。综上所述，多模态翻译教学模式可以促进大学英语翻译教学模式的改革，在培养社会需要的综合应用型翻译人才中具有重要作用。

第三章 文化差异与大学英语翻译教学

第一节 英语翻译中文化差异的影响

  文化是语言产生的背景,而语言又是文化的体现,因此也可以说文化和语言之间是相互依存的关系。翻译则是实现两种语言互相转化的一种途径,而文化差异是翻译工作中最具影响力的因素,对于翻译工作来说也是一项极大的挑战。为提高译文的准确性,译者需要去研究语言产生的历史文化背景,在中英文翻译中也一样。由于中西方文化间的差异在中英翻译工作中影响巨大,因此下面将介绍中西方文化差异对英语翻译的影响,以及怎样做才能最大程度地减少这种文化差异对翻译的影响,以便提高翻译的准确性。
  随着经济全球化的发展,文化交流日益频繁与重要。中西方文化由于地理、历史等各方面的不同产生了差异,而翻译工作可以促进中西方文化之间的交流与沟通,所以翻译的合理与准确是十分重要的。翻译就是在准确、通顺、优美的基础上,把一种语言信息转变成另一种语言信息的行为,是文化之间沟通的桥梁。

一、中西方文化差异对英语翻译的影响

  翻译是中西方文化之间沟通的桥梁,在世界经济一体化的大格局下变得越来越重要。由于翻译工作的重要性日益凸显,社会对翻译人才的需求也日益增加。如何能够最准确地把中西方文化中的特点表达出来,了解产生语言的文化背景是十分关键的。
  了解语言文化背后的环境特征,是翻译的基本要求之一。地理和环境等是地域文明形成的自然原因,而不同的地方传统文化在英语翻译中产生了一定的影响,所以译者在

开始翻译工作前应该对产生语言的地理和自然环境有最基础的认识。地域差异直接影响到英语翻译的工作成效,有时易形成歧义,而翻译的品质与成效也直接影响文化的交流与沟通。地域文化的不同,导致了人们对同一种事物的表达方式与心态的不同。例如"东风"和"西风"这两个词,在汉语中,东风给人一种草长莺飞的温暖感觉,而西风会让人感觉到"古道西风瘦马"的寒气;但在某些西方国家,人们常常会觉得东风刺骨,而恰恰用温暖来形容西风,比如雪莱的《西风颂》中有一句:"Oh, Wind, If Winter comes, can Spring be far behind?(啊,西风啊,如果冬天来了,春天还会远吗?)",表明了在某些西方国家西风代表着温暖的来临。这一差别主要是由地理环境的不同引起的。我国的地理环境为东临海洋,所以东风刮起来更舒适一点;某些西方国家则是西临海洋,自然西风比较温和。由此可见,译者在翻译的时候必须首先明确这些国家地理位置和气候的区别,不然就很难正确表达出原文的文化含义。

了解语言文化背后的风俗习惯,也是翻译的基本要求之一。语言文化既是一个国家历史的积淀,也是一个民族文化不断发展的结果,所以译者在翻译前要先熟悉其语言文化背后的特有的民族风俗。例如中文在语言表述方面更加含蓄委婉,英文的表达方式则更加直接开放。习俗的不同,也直接造成了中西方文化之间的区别。比如,在我国红色代表着红红火火,各种喜庆的场合也多用红色,但在西欧各国,人们则认为红色代表着血腥。所以,译者在翻译前必须要对语言文化中的风俗习惯有一定的认识,才能更好地传达原文的含义,也才能更好地增进不同文化之间的交流与互动。

二、在中西方文化差异中寻求英语翻译的具体方法

中西方文化间的差异对译者来说是一个很大的挑战。为实现更高效的文化交流,译者在翻译时必须找到具体的解决方法,才能达到译文的信(准确)、达(通顺)、雅(优美)。

(一)译者要了解语言产生的文化背景

所有人类文明的文化背景都是经过长期的历史积淀产生的,中西方文化也是这样。一名合格的翻译,只有广泛认识中西方文化间的差异,并不断提高自身素养,才能够更好地处理中西方文化差异对英语翻译产生的影响。

（二）针对中西方文化表达的特点，合理调整语言表达的结构与格式

中西方文化的差异造成了语言表达方面的差异。译者在翻译的时候，必须要按照目的语的表达习惯来调整语句格式。而由于中西方文化存在差异，所以人们的逻辑思维也是有区别的，这就需要译者在翻译实践中合理调整语言表达的结构与格式，使译文更加合理。

（三）通过恰当的方式添加注释或注解，减少歧义

由于中西方文化的情况不同，所以如果单纯根据字面上的含义来翻译，在不少情况下会形成歧义，读者的理解困难度就会提高。在这种情形下，译者有必要在译文中添加注释或注解，这也有助于提高英语翻译的准确度。例如，中国的成语虽然简单，但四个字中却蕴藏了深远的含义，如果仅仅从字面上翻译，外国人是无法很好地理解中国成语的。由此可见，在译文中适当添加注释或注解，更有利于读者了解双方的语言文化，也就可以增进双方的文化交流。

所以，译者既要了解中西方文化差异，也要熟悉中西方的语言表达习惯，如此才可以使译文更加合理和准确，从而更好地实现语言文化的交流与沟通。

综上所述，地域的不同、文化习俗的不同等直接造成了中西方文化的差异。而近年来随着经济全球化的发展，翻译人员在文化交流中的角色更加关键。翻译人员只有充分认识中西方历史文化背景以及习俗差异，掌握中英语言表达习惯，才能更好地表达原文的含义，增强译文信、达、雅的效果，促进中西方文化间的交流与沟通。

第二节 英语文学作品翻译中文化差异的处理

中西方语言之间存在巨大的文化差异，译者倘若无法理解二者的差异与特点，那么在翻译中将会遭遇重重阻碍，甚至形成理解错误。所以，准确掌握中英语言的差异意

重大。在翻译英语文学作品时，译者必须掌握好翻译方法，处理好语种之间的差异，提高译品的质量。

一、分析文学作品语言风格

为了完整呈现一部英语文学作品，译者应该仔细分析英语与汉语的语言风格，因为不同语言风格的作品，文学内涵和影响都是不同的，而语言风格为不同的作品所带来的文学特色也不同。所以只有抓住语言风格，才能提高翻译的可靠性。翻译小说、戏剧等文学作品时，译者必须事先了解其内在含义和文化背景，如果依旧采用单纯的逐句翻译方法，则文学译品只能是文字的累加，没有了美感，翻译工作也就失去了趣味，译者甚至会产生厌倦。所以，在翻译英语文学作品时，译者一定要清楚译品的语言风格，并有针对性地处理好语言文化之间的差异。

二、运用动态对等原则

因为中英文间存在许多差异，特别是文化的差异，所以译者要善于运用动态对等原则来处理英语文学作品里的表达。因为译文是英语文学作品在汉语中的整体表现，所以在翻译英语文学作品时，译者在了解语言文化差异的基础上，也可以运用动态对等原则等翻译技巧，提高译文的准确性。翻译的动态对等原则是指译文可以使用与原文不同的语言结构，并在文体和语言风格上保证原文与译文可以对等。据此，译者需要全面掌握动态对等的概念，积极尝试使用该方法翻译英语文学作品，将译品和原作的文化内涵与风貌对等，使译品与原作的文化内容保持一致。

为了比较整体而精确地翻译出原作的意思，很多译者都对原文逐词逐句地翻译，期望以此提高读者对译品的认同度。但是由于中英文之间的巨大差异，特别是在语言表述和文化背景上的巨大差异，这种翻译方式往往得不到优秀的译品。在很多时候，直接逐词逐句地翻译，极容易导致无法准确传达原文内容，甚至出现错误，所以需要一些变通的方法。

运用动态对等原则翻译时，主要注意事项有以下四点：

（1）译品与原作的体裁的对等。在翻译时，译者要保证译品与原作体裁的对等，论文便译为论文，小说便译为小说，散文便译为散文，诗歌便译为诗歌，并尽量保证文学体裁的准确性。

（2）译品与原作的篇幅的对等。即翻译原作时，要保证译品篇幅完全符合原作的篇幅，同时保证其整体的一致性，并且不能改变原作篇章的顺序，使译品产生无序性。

（3）译品与原作的语言风格的对等。即在对原作进行翻译时，保证其整体性，在保证篇幅等基础内容对等的同时保留其语言风格，使原作和译品之间的语言风格也能保持一致性。

（4）译品与原作的词汇的对等。即在翻译时，译者要保持译品与原作含义、质量的一致性，使其英文和中文之间的词语含义能相对应。

以上注意事项能够提高译品的质量，也可以使译者更加有效而正确地把握动态对等的翻译理念，并在译品中实现与原作思想意义的对等。

三、运用异化翻译与归化翻译理论

在翻译英语文学作品时，译者总要依据一定的翻译理论来处理文化差异。异化翻译理论指出，翻译要把异国风格情调尽量保留下来，甚至可以打破目的语的常规。如《三字经》的一些译品中便运用了异化理论，一定程度地保留了原本属于中文里的成分，如"头悬梁，锥刺股。彼不教，自勤苦"便被翻译为"Head hung, high! Needled his thigh! Not pushed, they kept working away."。

而归化翻译理论认为，翻译的目标是使译文自然流畅，符合目的语的表达习惯，甚至可以剔除原文的格调，这是和异化翻译完全不同的理念，归化翻译严格依据目的语本身的文化特性。而依据归化翻译理论翻译的译品，虽然对原作有部分改变，但是也让译品具备了更强的可读性，同时也是对译品所传达的文化的另一种表达。

四、利用创造性叛逆手段

在翻译英语文学作品时，译者往往会面临类似的问题：在翻译原作的时候，是否可以加入自己的某些原创性观点，还是仅仅参照原作翻译，保持正确性即可？实际上，此类问题也需依据原作的类型而定。假如原作是散文、小说或诗歌，便可利用创造性叛逆的手段翻译，因为倘若对原作中所蕴含的一些思想和内涵进行常规翻译，是无法传达出原作的韵味的，无法使读者感受到原作的吸引力。假如原作属于应用科技类的著作，则直接翻译即可，需保持其准确性。其实，所谓创造性叛逆手段，就是指译者在尽可能提高译品准确度的前提下,通过使用技巧性的方法,在译品中融入自己的思想,进而增加译品的想象力和新意,从而使译品更具有创造性。

英语文学作品是对英语国家思想内涵和文明情况的总体展示。它一方面表现出的是该国所具有的时代精神和民族特征,另一方面也是对作者个人乃至整个国家文明及思想的综合体现。翻译其实是我国和英语国家互相传达以及学习文化的最主要手段,同时也是使各国读者跨越国度产生相同的感受与感悟的桥梁。虽然语种的不同导致这些文学作品的表达不尽相同,但译者在翻译中,须能够对该文学作品的前提和时代有相当程度的认识和体会,才能领悟这些文学作品想要表达的情感和思想。所以翻译后的文学作品一方面要能够符合原作含义,另一方面还要考虑所采用的语言含义、符号与读者之间的联系,以便尽可能贴切地表达出原作的思想意境、民族、时代、文化等实际情况,使由于语种不同所造成的理解困难降到最低。译者不仅要掌握语句的内涵,对于文字书写、语音和字词之间的差别等也要考察清楚,以便尽可能提高译品的质量,从而突破语言所带来的局限性,让读者最大程度地理解原文。

中西方国家之间由于语言不同所产生的差异既无法忽略,也不应忽略,所以译者在翻译英语文学作品时要考虑清楚其中的语言差异,并通过具有可操作性的方法尽可能地将其影响降至最小,才可以翻译出高质量的译品,让我国的读者也能欣赏到高质量的英语文学作品。

第三节 文化差异与英语习语翻译

一、习语与文化

语言是文化形成和发展的前提,文化的发展也促进了语言的丰富和完善。习语是语言发展的结晶,是民族语言的精华所在,主要包含比喻性词组、俗语、俚语及谚语等,包含着丰富的民族文化内涵,带有浓厚的民族色彩。英语习语在语言表现形式上具有生动、形象、通俗的特点,同时意蕴深刻,在交际中被广泛使用。

但习语翻译一直是大学英语教学中的难点，学生在具体的习语翻译实践中，经常因为忽视英汉习语的文化差异或因翻译方法不够灵活熟练，导致习语翻译效果不理想。这就需要教师在具体的教学实践中引导学生深刻认识英汉习语的文化差异，灵活运用多种翻译方法，促使学生的习语翻译实践能力不断提高。

二、英汉习语的文化差异

英汉文化存在很大的差异，其习语也各具风采。教师在大学英语习语翻译教学中应引导学生充分关注英汉习语的文化差异，为精准翻译打好基础。英汉习语的文化差异主要表现在三个方面。

（一）地理环境方面的差异

习语是实践的产物，它与人们的生产生活和工作环境密不可分。英国属于岛国，海岸线长，其航海业一度在世界上遥遥领先，英国人长期在海上生活劳动。因此，英语习语中有很多与海和海上生活相关的表达。比如"all at sea（形容一片茫然、不知所措）""like a fish out of water（形容处在陌生的环境中感到不自在）""raise the wind（筹钱）"等。而中国是海陆兼有的国家，汉民族自古以农业为生，所处的环境大多是平原与山地，所以汉语中的许多习语和土地、农业生产息息相关。比如"挥金如土""斩草除根""顺藤摸瓜"等以陆地文化为依托的汉语习语和以海洋文化为背景的英语习语具有明显差异。

（二）历史事件与典故方面的差异

英汉习语有不少来自历史事件、神话、寓言、典故等，这些习语由于来源的特殊性，仅从字面上来理解难免会望文生义。如"drop the pilot"，这一习语的本义是指"船泊岸或者过了危险区域后就叫领航员下船"，而后转译为"成功后抛弃得力助手或功臣"，类似于汉语中的"过河拆桥"；"meet one's Waterloo"意指曾经横扫整个欧洲大陆、不可一世的拿破仑遭遇兵败滑铁卢一事，现一般译为"遭受惨败"；"pan out"，本来是指美国淘金热时淘金者用淘金盘（pan）捞起沙子，不断用水清洗，最终幸运地滤出小粒金子，现在该习语的含义演变为"成功"。汉语中也有很多富含历史典故或事件的习语，如"守株待兔""亡羊补牢""东施效颦""精卫填海"等。不难看出，中西方因各民族历史不同、历史事件发生的时间不同,由此产生的习语也不同。

(三)风俗习惯的差异

风俗习惯是一种社会现象,是群体在生产生活中逐渐形成的约定俗成的生活方式。英汉习语中与风俗习惯相关的民族特色非常鲜明。比如土豆很受英国人青睐,据传,英国人每年就要吃掉四百多万吨土豆,因此,英语中有不少关于土豆的习语。英国人自谦时会说:"I'm a small potato.(我是小人物。)"英国人描述那些终日无所事事,手持电视遥控器躺在沙发上不断换频道的人为"a couch potato(电视懒虫)";用"a hot potato"来比喻对人诱惑很大但又很难得到的好处或利益。而中国人的饮食大多以米面为主,茶水是必备饮品,汉语中就有很多相关的习语,如"巧妇难为无米之炊""粗茶淡饭""茶饭不思"等,但在汉语习语中就很少能见到土豆的影子。

三、习语翻译的主要方法

习语翻译本身是一项系统而复杂的工作,翻译时仅仅关注习语的文化差异是不够的,还需要译者有扎实的翻译技巧。因此,在习语翻译教学实践中,教师还要引导学生掌握并能灵活运用多种翻译方法。

(一)套译法

套译法,就是在翻译英语习语时直接套用汉语中现存的、与原文的含义对等的习语。汉语里有为数不多的习语在风格、形象、语体色彩等方面与英语习语对等,这样的习语在文化内涵和语言意义两方面都基本等值,在跨文化交际中能很容易地被人们接受,且不会引起歧义。比如,"To go through fire and water."可以套译汉语中的"赴汤蹈火";"Where there is life, there is hope."可以译为"留得青山在,不怕没柴烧";"Talk of the devil, and he is sure to appear."可以套译成汉语中的"说曹操,曹操到"。这样的套译是对汉语习语的一种有效套用,能够准确地表达原句的深层含义,同时会使译入语读者感到亲切易懂。但这样的套译有一定的局限性,一是套译的范围有限,英汉对等的习语并不多见;二是有些汉语习语和英语习语"貌合神离",直接套译会犯张冠李戴的错误。比如,"a miss is as good as a mile",这个英语习语很容易会被套译为"差之毫厘,谬以千里"，但该英语习语最主要强调的是错误的本质，即"大错小错都是错"；而"差之毫厘，谬以千里"所表达的含义是"小错终会酿成大错"，强调一丁点儿错误都不能有，由此可见，两种习语的语义内涵相去甚远，直接套译会造成误译。

（二）意译法

英语中一些习语有其特殊的地理、历史、政治、经济等方面的内涵，无法用汉语对其进行对等翻译，所以只能采用意译法保留原语的基本含义。在这种情况下，英语习语的文化信息和比喻形象往往很难保留。比如英语习语中的"a new broom sweeps clean"，不能直接翻译为"新扫把打扫得干净"，人们习惯把它意译为"新官上任三把火"；又如"a cat has nine lives"，在中文里没有完全对等的套译表达，如果直译为"猫有九条命"，中国人可能会一头雾水、不知所云，因此只好将其意译为"吉人自有天相"，但这样翻译，"九"和"猫"在英文中的神秘性在译文中就得不到有效体现。虽然意译法往往难以保全原语的文化内涵，无法使译入语和原语的语义和内涵等值，但意译法是一种比较灵活的习语翻译方法，因而在习语翻译中的使用较为广泛。

（三）直译法

习语翻译中的直译法即把习语构成词的字面意义直接翻译出来，这种方法貌似有悖于习语的性质，所以往往适用于那些比喻形象突出、文化色彩较浓的习语。直译得当不但能够有效传达原文的形象和意义，且会让译入语读者会心一笑，倍感轻松，同时，这类翻译也能够丰富译入语的表达方式。比如，"strike the iron while it is hot"可直译为"趁热打铁"；"fish in troubled water"可直译为"浑水摸鱼"。另外，还有"as busy as a bee（忙得像只蜜蜂）""blood is thicker than water（血浓于水）""armed to teeth（武装到牙齿）"等，都是通过直译产生的表达，部分译文由于多次使用，逐渐成了中文表达中的俗语，丰富了汉语的语汇库。直译法使英语习语翻译更轻松，也易使译入语读者接受。但译者在使用直译法时需充分考虑译入语读者的理解力和联想力，否则可能非但达不到准确传神表意的效果，还会弄巧成拙。

（四）直译＋注解法

不少英语习语由历史典故而来，民族色彩浓厚，看似结构简单，但不能直接从字面去理解和翻译,这时候就需要采用直译+注解的方法。比如,"as fair as Helen"若直译为"如海伦般艳丽无比",不了解希腊神话故事的中文读者就会产生疑问:"海伦是何许人?怎么个美法?"这时,译者可采用括号加注法,注明海伦是希腊神话中著名的美女,这样读者就不觉得难懂了。再如,寓言中的习语"dog in the manger",如果直译就是"马槽里的狗",译入语读者会不明就里,若加注"自己不做也不让别人做""自己不用也不让别人用"等解释,该习语的意思就非常清楚明白了。

当然,英语习语翻译并不是一蹴而就、照葫芦画瓢式的简单工作,它需要译者不仅有知识面上的宽度,还要有文化内涵上的深度。同时,要能在具体的翻译实践中灵活运用多种翻译方法,做到具体问题具体分析,使译文既能准确表意,又能为译入语读者所理解。这就需要教师在具体的习语翻译教学实践中,引导学生加强习语文化的学习和习语翻译经典案例的积累,在练习中大胆实践习语翻译的各种方法,不断学习、实践、反思,优化习语翻译效果。

第四章　英语翻译的技巧和方法

第一节　词汇的翻译技巧和方法

翻译技巧从感性认识着手，向理性认识发展，再到准确、完整地表达原文的思想，以求达到一种质的飞跃。犹如绘画艺术，先勾画粗线条，侧重于形状结构，再按比例局部透视，着重于塑造形象，最后从整体考虑如何更加完美地展现人物性格特征。实际上，译者的每一次翻译过程都在不知不觉地运用翻译的一些基本技巧，这些基本技巧决定了翻译的质量。犹如在绘画中要正确处理明暗、虚实关系，译者在翻译过程中也要十分清楚突出什么、省略什么，方能相当细腻、多层次地反映原作的精神风貌与思想精髓。

一、英汉词汇的差异

英汉两种语言渊源不同，又是在不同的历史和文化背景下发展起来的，所以两者之间存在着很大的差异，体现在词汇及其意义方面也是非常明显的。如在词汇的构成及其形式变化、词汇的功能、词汇顺序、词性、词义等方面都存在着差异，研究这些差异对两种语言的转换具有非常重要的意义。

(一) 英汉词形的差异

在英语中，名词、动词、形容词、副词等都会随着不同的人称、时态、语态、程度等发生词形上的变化，词形上的变化可以表明英语句子中各成分之间的关系，而在汉语中就没有这些变化。在汉语中，词义、词序和隐含的逻辑关系常用来表达语言的意思。例如：

（1）These students are working very hard in their English studies.
这些学生在英语学习方面非常努力。

可以看到，英语中的 student 有单复数变化，在词尾加"s"表示复数，而汉语中的"学生"这个词本身并没有单复数变化，其复数概念是通过加限定成分"这些"来表示的。

（2）She speaks English very well. 她英语说得相当好。

英语中的 speak 是动词，它要随着主语的人称和数来变化，这里加了"s"，表示此句的时态是"一般现在时"。汉语动词并不受主语人称和数的控制，不管主语是谁，一律用原词，词形不发生任何变化。

（3）He once told me that Professor Li would teach here for thirty years by this winter.
他曾对我说，到今年冬天李教授在这里教书就要满三十年了。

从这个例句中可以看到，英语动词有时态变化，表示过去的用"过去时"，表示将来的用"将来时"，表示将来某时完成的用"将来完成时"。汉语动词则根本没有变化，其时间概念是通过使用时间副词来表示的。

英语的动词还有语态的变化，如果讲述的是事实，就用真实语气，如果是虚拟的事实，就用虚拟语气。汉语没有虚拟语气，表达虚拟语气也要借助相关的词语。例如：

If I had not been so busy last night, I would have gone to the station to send him off.
我昨晚要是不那么忙的话，就去车站为他送行了。

英语的许多可用于比较的形容词和副词有比较级和最高级这类词形变化，汉语则没有。在表达同样的意思时，汉语常常使用"比"字表示比较级，使用"最"字表示最高级。例如：

（1）This one is better than that one. 这个比那个好。
（2）He runs fastest in his class. 他在班里跑得最快。

（二）英汉词序的差异

英汉两种语言在词语顺序方面也有差异，这主要是由叙事的习惯决定的。在英语中，物主代词往往置于所代表的名词前，人称代词也常出现在主句前面的从句中。然而，在汉语中，则总是先出现名词，后出现代词。例如：

His sympathy for the Chinese revolution and his friendship for the Chinese people gained Edgar Snow many enemies.

按照汉语的叙事习惯，这句话的意思就是："埃德加·斯诺对中国革命的同情和对中国人民的友谊使很多人对他产生敌意。"

有时，词序的变化是由英汉不同的句子结构决定的，例如：

（1）The smaller the thing the less the pull of gravity on it and it less the weight.

物体越小，地心引力对它的吸力就越小，重量也就越轻。

（2）Computers can keep a wide range of records, including who sold what, when and to whom.

计算机可以做大范围的记录，包括何人于何时向何人售出了何物。

二、词义的选择、引申和褒贬

（一）词义的选择

在翻译过程中，首先碰到的问题是词义。英语中一词多义，汉语中一字多义，都是常见的语言现象。英国伦敦语言学派创始人弗思指出："Each word when used in a new context is a new word."。这充分体现了英语词汇的灵活性。

因此，正确选择词义就成了翻译过程中极其重要的一步。

请看英语词汇"run"在下列词组中的含义：

（1）run away 跑开
（2）run down 撞倒
（3）run out 用完
（4）run a race 参加赛跑
（5）run to seed 变得不修边幅

由此可见,"run"一词的含义极其丰富,除了本义"跑步"外,还有许多意思。再请看"way"在下列句子中的含义:

(1) Which way do you usually go to town? 你进城一般走哪条路线?
(2) The arrow is pointing the wrong way. 这个箭头指错了方向。
(3) She showed me the way to do it. 她向我示范做这件事的方法。
(4) I don't like the way he looks at me. 我不喜欢他那样子看着我。
(5) Success is still a long way off. 离成功还远着呢。
(6) We must not give way to their demands. 我们决不能对他们的要求让步。

汉语词汇也是如此,下面请看关于"上"的例子:

(1) 上班 go to work
(2) 上当 be taken in
(3) 上课 attend class
(4) 上年纪 be getting on in years
(5) 上市 come on the market

再请看"轻"在下列句子中的含义:

(1) 这件大衣很轻,但非常暖和。 This coat is light but very warm.
(2) 易碎品——小心轻放! Fragile—handle with care!
(3) 他年纪虽轻,但做事非常负责。
He is young at age but very responsible in work.
(4) 不要轻看自己。 Don't be little yourself.
(5) 不要轻易做出选择。 Don't make choices so easily.
(6) 今天我有些轻微的头疼。 I've got a slight headache today.

不难看出,翻译中选义的难易程度有多方面的因素在起作用,除了语言工具书可以帮助翻译,更重要的是借助具体的语境。

(二) 词义的引申

所谓词义的引申,指的是在一个词所具有的基本词义的基础上,进一步加以引申,选择比较恰当的汉语来表达,使原文的思想表现得更加准确,译文更加流畅。词义引申主要通过词义转译、词义抽象化、词义具体化等方法实现。

1. 词义转译

有些词照搬词典翻译，会使译文晦涩、含混，甚至造成误解。这时就应根据句子与文章的逻辑关系引申转译。例如：

（1）heavy 的基本词义是"重"，heavy crop 引申为"大丰收"，heavy current 引申为"强电流"，heavy traffic 引申为"交通拥挤"等。

（2）sharp 的基本词义是"锋利的、尖的"，sharp eyes 引申为"敏锐的目光"，sharp image 引申为"清晰的形象"，sharp voice 引申为"刺耳的声音"，sharp temper 引申为"易怒的脾气"等。

2. 词义抽象化

英语中常常用一个表示具体形象的词来表示一种属性、一个事物或一种概念。翻译这类词时，只有将其词义做抽象化的引申，译文才能流畅、自然。例如：

（1）Every life has its roses and thorns. 每个人的生活都有甜有苦。

"roses"和"thorns"抽象化后引申为"甜"和"苦"。

（2）We have to cut through all of the red tape to expand to the French market.
我们必须克服所有的繁文缛节，开拓法国市场。

"red tape"抽象化后引申为"繁文缛节"。

（3）Mary stands head and shoulder above her classmates in playing tennis.
玛丽打网球的水平在班里可以说是"鹤立鸡群"。

"head and shoulder"抽象化后引申为"鹤立鸡群"。

3. 词义具体化

英语中许多词意义较笼统、抽象，可以根据汉语表达习惯，将其引申为意义较明确、具体的词。这样可以使译文表达清晰、流畅，更加形象生动。例如：

（1）The car in front of me stalled and I miss the green.
我前头的那辆车停住了，我错过了绿灯。

"green"具体化后引申为"绿灯"。

（2）The big house on the hill is my ambition.
山上的那间大屋是我渴望得到的东西。

"ambition"具体化后引申为"渴望得到的东西"。

（三）词义的褒贬

为了忠实于原文，仅查词典是不够的，译者还必须正确理解原文背景，了解其思想内容乃至价值观点等，然后选用适当的语言手段来加以表达。原文中有些词本身就含有褒义和贬义，译者在翻译时要将其相应地表达出来；有些词孤立起来看是中性的，而放在上下文中揣摩则可增添其褒贬色彩，译者在翻译时也应恰如其分地将其表达出来。英语中有些词不具有褒贬色彩，但译者根据语言表达的需要，翻译时要译出褒义或贬义以达到更加忠实原文的目的。

reputation：

（1）I'm very lucky to attend this college with an excellent reputation.
被录取到这所享有盛誉的学校，我很幸运。（褒义）

（2）He was a man of integrity, but unfortunately he had a certain reputation.
他是一个正直真实的人，但不幸有某种坏名声。（贬义）

ambition：

（1）My sister worked so hard that she achieved her great ambitions.
我姐姐如此努力工作，最终实现自己的抱负。（褒义）

（2）Ambition dominated their lives. 他们的生活受野心驱使。（贬义）

demanding：

（1）This old professor has been persisting in his demanding research job.
这位老教授一直不懈地研究着他的课题。（褒义）

（2）As a demanding boss, he expected total loyalty and dedication from his employees.
他是个苛刻的老板，要求手下的人对他忠心耿耿，鞠躬尽瘁。（贬义）

三、词类转换

在翻译实践中，要做到既忠实于原文又符合译文的语言规范，就不能机械地按原文词类"对号入座"，逐字硬译，而需要适当改变一些词类，即把原文中属于某种词类的词在译文中转译成另一种词类，这就是词类转换。

词类转换在英译汉和汉译英中都是非常重要的翻译手段，运用得当可使译文通顺流畅，符合英汉语言的表达习惯。现将英译汉及汉译英中最常见的几种词类转换介绍如下：

（一）英语名词的转换

英语中名词使用的概率较汉语高，而且词义相当灵活，翻译时要从其基本意义出发，符合汉语习惯，联系上下文灵活处理。通常英语名词可转译成汉语动词、形容词或副词。

1.英语名词转译成汉语动词

（1）由动词派生的英语名词常常转译成汉语动词。例如：

Her decision to retire surprised us all. 她决定退休，我们大为惊讶。

（2）具有动词意义的英语名词常常转译成汉语动词。例如：

Every morning, she would go to the park for a walk.
每天早晨，她都要去公园散步。

（3）表示身份或职业的英语名词常常转换成汉语动词。例如：

She was a winner in this competition with her amazing performance.
凭着出色的表演，她赢得了这场比赛。

2.英语名词转译成汉语形容词

（1）由形容词派生的英语名词可转译成汉语形容词。例如：

She is a real beauty. 她非常漂亮。

（2）一些加不定冠词作表语或作定语的英语名词可转译成汉语形容词。例如：

His promotion was a success. 这次促销活动是成功的。

3.英语名词转译成汉语副词

英语中有些抽象意义的名词可以转译成汉语副词。例如：

It is our pleasure to note that China has made great progress in economy.
我们很高兴地看到，中国的经济已经有了很大的发展。

（二）英语形容词的转换

英语形容词可转译成汉语动词、副词或名词。

1.英语形容词转译成汉语动词

英语中有些表示知觉、欲望等心理状态的形容词作表语时，可以转译成汉语动词。例如：

Doctors said that they were not sure they could save her life.
医生们说他们不敢肯定能救得了她的命。

2.英语形容词转译成汉语副词

英语名词译成汉语动词时，修饰名词的形容词常常转译成汉语副词。例如：

I like having brief naps in the noon. 我喜欢在中午短短地睡上一小会儿。

3.英语形容词转译成汉语名词

（1）表示特征或性质的英语形容词可转译成汉语名词。例如：

The more carbon the steel contains, the harder and stronger it is.
钢中含碳量越高，钢就越硬越强。

（2）有些英语形容词前加上定冠词表示某一类人时，可转译成汉语名词。例如：

They are going to build a school for the blind and the deaf.
他们将为盲人和聋人修建一所学校。

（三）英语副词的转换

英语副词可转译成汉语名词、形容词或动词。

1. 英语副词转译成汉语名词

有些英语副词因表达需要可转译成汉语名词。例如：

He is physically weak but mentally sound. 他身体虽弱，但思想很健康。

2. 英语副词转译成汉语形容词

有些英语副词因表达需要可转译成汉语形容词。例如：

The film impressed me deeply. 这部电影给我留下了深刻的印象。

3. 英语副词转译成汉语动词

有些英语副词因表达需要可转译成汉语动词。例如：

Now, I must be away. 现在，我该离开了。

（四）英语动词的转换

英语动词可转译成汉语名词或副词。

1. 英语动词转译成汉语名词

（1）英语中有些动词，特别是名词派生或名词转用的动词，在汉语中不易找到相应的动词，翻译时可将其转译成汉语名词。例如：

Most students behaved respectfully towards their teachers.
大部分学生对教师的态度都很恭敬。（名词转用的动词）

（2）有些英语被动式句子中的动词，可以译成"受到/遭到……＋名词"或"予以/加以……＋名词"的结构。

2. 英语动词转译成汉语副词

英语中有些动词具有汉语副词的含义，可以转译成汉语副词。例如：

When I leave the house, I always watch out. 我出门时总是非常小心。

（五）英语介词的转换

英语介词搭配多样，关系复杂，运用广泛，翻译时应根据上下文灵活处理，通常可转译成汉语动词。例如：

He is leaving for Beijing at 9 this morning. 今天上午9点他将动身去北京。

（六）汉语动词的转换

1.汉语动词转译成英语名词

汉语中动词使用较频繁，而且常常几个动词连起来使用。而英语中名词使用较多，在汉译英时，可根据需要将汉语动词转译成英语名词。例如：

说来话长。 It is a long story.

2.汉语动词转译成英语形容词

汉语中一些动词往往可以转译成英语形容词，常用"be+形容词"来表达。例如：

他连续24小时上网，这可说不过去。
He has been on line for 24 hours in a row. This is inexcusable.

3.汉语动词转译成英语介词或介词短语

介词的使用在英语中也非常灵活，在汉译英时，可根据需要将汉语动词转译成英语介词或介词短语。例如：

如果遇到火灾，首先要切断电源。 Break the circuit first in case of fire.

4.汉语动词转译成英语副词

同样，有些汉语动词也可用英语副词来表达，这样用词更加简明，意思也非常准确。例如：

灯开着，但没有人在家。 The light was on, but nobody was in.

（七）汉语名词的转换

有些汉语名词在翻译时，也可转译成英语动词。但是，同时须注意，如果汉语名词前有形容词修饰，则也要随之转换成英语副词。例如：

他的呼吸有大蒜的味道。 His breath smells of garlic.

（八）汉语形容词或副词的转换

汉语形容词或副词可以转译成英语名词，这主要是语法结构或修辞上的需要。例如：

思想交流是十分必要的。 Exchange of ideas is a vital necessity.

第二节 句子的翻译技巧和方法

英语文体各异，句型复杂，长句的出现频率高，逻辑性强，给译者增添了许多困难。然而，英语语言具有"形合"的特点，无论多长、多么复杂的结构，都是由一些基本的成分组成的。译者首先要找出句子的主干结构，弄清楚句子的主语、谓语和宾语，然后再分析从句和短句的功能，分析句子中是否有固定搭配、插入语等其他成分。最后，再按照汉语的特点和表达方式组织译文，这样就能保证对句子的正确翻译。

一、被动语态的翻译

英语中被动语态使用范围很广,凡是在不必说出主动者、不愿说出主动者、无从说出主动者及便于连贯上下文等情形下,往往都用被动语态。汉语中虽然也有被动语态,但是使用范围狭窄得多。英语中的被动语态译成汉语时,很多情况下都可译成主动语态,但也有一些可以保留被动语态。

(一)转换成主动语态

在有些情况下,可变换语态,将原来的被动语态转换成主动语态,使译文明确易懂。

(1) A contingency plan against bankruptcy was hastily drawn up.
防止破产倒闭的应急计划很快制订出来了。

(2) The special challenge that advertising presents can be illustrated by a statement made by the president of a major advertising agency in New York.
纽约一家大型广告公司的总裁所做的陈述,可以阐释当前广告业所面临的特殊困难。
(原文中被动语态译为主动结构,原文中的主语在译文中作宾语。)

(3) This Contract is made by and between the Buyer and the Seller. Whereby the Buyer agrees to buy and the Seller agrees to sell the under mentioned commodity according to the terms and conditions stipulated below.
买卖双方同意按下列条款买卖下述商品,并签订本合同。

(二)保留被动语态

在进行英译汉时,语态不变,仍然保持原来的被动语态,但译者常常需要在主谓语之间加上一些汉语中表示被动的介词,如"被……""给……""受……""为……所……""遭……"等。例如:

(1) Competition in business is regarded to be a means to earn money.
商业竞争被认为是一种挣钱手段。

(2) Although Americans today are likely to think that Alger's stories are too good to be true, they continue to be inspired by the idea of earning wealth and success as an entrepreneur who makes it on his own.

尽管今天美国人有可能认为阿尔杰的故事好得令人难以置信，但是他们依然为那种自力更生赢得财富和成功的企业家精神所鼓舞。

句中的 "they continue to be inspired by the idea of earning wealth and success as an entrepreneur who makes it on his own" 采用的是被动语态，在翻译成汉语时，可以保持原来的语态，只是在主谓语之间加上汉语中表示被动的介词 "为……所……" 就可以了。

（三）译成无主句

例如：

（1）Your early confirmation would be greatly appreciated.
万分感谢您能早日给予确认。

（2）On the whole such a conclusion can be drawn with a certain degree of confidence, but only if the child call be assumed to have had the same attitude towards the test as the other with whom he is being compared, and only if he was not punished by lack of relevant information which they possessed.
总的来说，得出这种结论是有一定把握程度的，但必须具备两个条件：能够假定这个孩子对测试的态度和与他比较的另一个孩子的态度相同；他也没有因为缺乏别的孩子已掌握的有关知识而被扣分。

（3）Great efforts should be made to inform young people especially the dreadful consequences of taking up the habit.
应该尽最大努力告知年轻人吸烟的危害，特别是染上烟瘾的可怕后果。

上述三例英语句子使用的都是被动语态，句子中没有施动者。在进行翻译时，可以将其翻译成汉语的无主句。

（四）"A be done" 结构的处理

有时由于种种原因，英语被动句中省略了谓语动词的施动者，构成 "A be done" 结构。如果翻译时将其转换成主动语态，就变成了 "do A" 结构。在这种情况下，翻译时往往需要加上泛指性的主语，如 "我们" "人们" "大家" "有人" 等，或者将其翻译成汉语的无主句。

（1）The daily closing balance per account shall be checked against actual cash on hand.

译文①：每日终了，我们应结出账面余额，并与实际库存核对。

译文②：每日终了，应结出账面余额，并与实际库存核对。

英语句子使用的是被动语态，句子中没有施动者。在进行翻译时，可以在句首加上泛指性主语"我们"，如译文①；也可以将其翻译成汉语的无主句，如译文②。

（2） It is essentially stressed that the Buyers are requested to sign and return the duplicate of this contract within 3 days from the date of receipt. In the event of failure to do this, the Sellers reserve the fight to cancel the contract.

必须强调：买方应于收到本合同之日起3日内签字并返还合同的副本，如买方不这样做，卖方保留取消合同的权利。

总之，正确理解与翻译英语复合句是英语翻译的重点之一，而要正确理解与翻译这些句子，关键是要准确划分原文句子结构，正确理解英汉两种语言在结构、语序以及语态方面的差异。译者要能正确处理好句子中各成分之间的复杂语法修饰关系和内在逻辑关系，还需要在翻译实践中不断探索。

二、定语从句的翻译

英语中，定语从句分为限制性从句与非限制性从句两种，在句中的位置一般是在其所修饰的先行词后面。限制性定语从句与非限制性定语从句的区别主要在于限制意义的大小。而汉语中的定语作为修饰语时通常位于其所修饰的词前面，并且没有限制意义的大小之分，因此，限制与非限制在翻译中并不起十分重要的作用。英语中多用结构复杂的定语从句，而汉语中修饰语不宜臃肿，所以，在翻译定语从句时，一定要考虑到汉语的表达习惯。如果英语的定语从句太长，无论是限制性的还是非限制性的，都不宜译成汉语中的定语，而应用其他方法处理。英语中单个词作定语时，除少数情况外，一般都放在中心词前面；而较长的定语如词组、介词短语、从句作定语时，则一般放在中心词后面。在了解英汉两种语言差异的基础上，以下介绍几种适合定语从句的翻译方法。

（一）前置法

前置法即在英译汉时把定语从句放到所修饰的先行词前面，可以用"的"来连接。既然定语从句的意义是作定语修饰语，那么在翻译的时候，通常把较短的定语从句译成带"的"的前置定语，放在定语从句的先行词前面。在英语翻译实践中，人们发现前置法比较适合翻译结构和意义较为简单的限制性定语从句，而一些较短的具有描述性的非限制性定语从句也可采用前置法，但不如限制性定语从句普遍。例如：

（1）The role of selling in our society is to identify and provide the goods and services that will satisfy the needs and wants of the consumers.

销售在社会中的作用就是识别并提供那些能够满足消费者需求的商品和服务。

在这句话中，限制性定语从句"that will satisfy the needs and wants of the consumers"用来修饰其名词中心词"goods and services"。该定语从句比较短，在翻译时往往将其前置到先行词前面，使译文符合汉语的表达习惯。

（2）In an urban culture, where mobility is valued, and land is not an issue, female talents are more emphasized.

译文①：在现代城市人的观念中，价值就是流动性，与土地无关，人们更加注重的是女性的才能。

译文②：在重视流动性且土地不成为其问题的城市文化中，女性的才能更受重视。

该句中"where mobility is valued, and land is not an issue"为非限制性定语从句。非限制性定语从句通常有两种译法，一是译成前置结构放在所修饰的先行词前面；二是后置或译成并列的分句，或单独成句。译文①采用后置法，按照英文原文的顺序翻译，令人感觉表意不明；译文②译为"的"字结构，置于先行词之前，更符合汉语表达习惯。

（二）后置法

后置法即在英译汉时把定语从句放在所修饰的先行词后面，翻译为并列分句。英语的定语从句结构常常比较复杂，如果译成汉语时把它放在其修饰的先行词前面，有时会显得定语太臃肿，从而表达得不清楚。这时，可以把定语从句放在先行词后面，译成并列分句，重复或者省略关系代词所代表的含义，有时还可以完全脱离主句而独立成句。例如：

（1）The importer can sell the goods to a new buyer while they are being carried by means of negotiable shipping documents which are very convenient for use.

译文①：进口商可以通过使用起来非常方便的可转让的运输单据将货物在运输途中卖给新的买方。

译文②：进口商可以通过可转让的运输单据将货物在运输途中卖给新的买方，这类可转让单据用起来非常方便。

译文①中将"which"引导的限制性定语从句前置,显得累赘拗口;译文②采用后置的方法,重复先行词"negotiable shipping documents",使译文表意明确。

(2) The fact that these early entrepreneur built great industries out of very little made them seem to millions of Americans like the heroes of the early frontier days who went into the vast wilderness of the United States and turned the forests into farms, villages and small cities.

这些早期的企业家几乎白手起家却创造了宏大的产业,在千百万美国人看来,他们恰如早期拓荒时代的英雄,走进美国一望无际的荒野,将森林变成了农场、村庄和小城镇。

在这句话中,限制性定语从句"who went into the vast wilderness of the United States and turned the forests into farms, villages and small cities"用来修饰其先行词"heroes of the early frontier days"。该定语从句较长,如果将其前置译成定语,译文比较累赘,也使人很难理解。在这种情况下,将定语从句从引导词"who"这里与主句拆开来,译成并列的分句并省略先行词,可以使译文简洁明了。

(3) The strong influence of the success stories of the early entrepreneurs on the masses of Americans can be found in the great popularity of the novels of Alger, which were published in late nineteenth and early twentieth century America.

阿尔杰的小说大受欢迎,我们可以从中发现早期企业家的成功故事对美国大众所产生的强烈影响。这些小说于19世纪末20世纪初发行于美国。

在该句中,非限制性定语从句"which were published in late nineteenth and early twentieth century America"修饰中心词"the novels of Alger"。译文采用后置法,将定语从句和主句拆开来翻译,定语从句重复先行词,并独立成句。

(4) China's patriarchy is a feudal holdover, scholars say, where land equals power male children inherited land.

译文①:学者们说,中国的男权统治是一种土地就是权力的封建残余。土地是由男孩继承的。

译文②:学者们说,中国的男权统治是一种封建残余,在封建社会,土地就是权力,而土地是由男孩继承的。

该非限制性定语从句虽然不长,但是"where"在该句中指代的是"封建统治下的中国",如果采用前置法,如译文①,会造成对先行词的限定过窄,而译文②没有单纯重复先行词,而是转译为"封建社会",与原文表意一致。

（三）融合法

融合法即把主句和定语从句融合成一个简单句，其中的定语从句译成单句中的谓语部分。由于限制性定语从句与主句关系较紧密，所以，融合法多用于翻译限制性定语从句，尤其是"there be"结构带有定语从句的句型。例如：

（1）We are a nation that has a government—not the other way around.

我们这个国家有一个政府，而不是倒过来——政府有一个国家。

（2）Most of the staff who have hand signals spelling "welcome" printed on the back of their T-shirts, used to spend their days shut off from the public in special workshops for the handicapped, making things like jewellery or packaging.

（咖啡屋）大多数工作人员在T恤衫后背上印有表示"欢迎"的手势，他们过去过着与公众隔绝的日子，在为残疾人开设的特殊车间里生产珠宝之类的东西或负责包装。

上面非限制性定语从句的翻译亦使用了融合法。译文将主句的主语与非限制性定语从句融合在一起，重新组合成句。

（四）状译法

英语的定语从句与汉语的定语还有一个不同的地方，即英语中有些定语从句和主句关系不密切，它从语法上看是修饰定语从句的先行词的，但限制作用不强，实际上是修饰主句的谓语或全句，起状语的作用。也就是说，有些定语从句兼有状语从句的功能，在意义上与主句有状语关系，表明原因、结果、目的、让步、假设等。在这种情况下，需要灵活处理，在准确理解英语原文的基础上，弄清楚逻辑关系，然后把英语中的这些定语从句翻译成各种相应的分句。因此，应视情况将其翻译成相应的状语从句，从而更清晰准确地传达出原文中的逻辑关系。

（1）An automatic production line is excellent for the automotive industry where thousands of identical parts are produced.

自动生产线非常适用于汽车工业，因为那里要生产成千上万个同样的零件。

在这句话中，"An automatic production line is excellent for the automotive industry"是主句，"where thousands of identical parts are produced"为限制性定语从句。从语法意义上看，该定语从句修饰其前的先行词"the automotive industry"，但是从逻辑意义上看，该定语从句与主句之间为因果关系。译文将该定语从句转译成原因状语从句，清晰明确地显示出句子间的逻辑关系。

（2）I think it will grow even on non-irrigated land where there is a forest belt.

我想即使在没有灌溉的土地上，只要有一条树林带，它还是会生长的。

（3）Any worker who dirty or who soils a wall with his hands or feet is docked a day's pay.

译文①：任何脏兮兮或者用手脚弄脏了墙壁的工人扣薪一天。

译文②：任何职工，若服装不整洁，或用手脚污损了墙壁，就扣薪一天。

比较上面的译文不难发现，有些定语从句若转译为条件状语从句，更符合汉语表达方式。

（4）Electronic computers, which have many advantages, cannot carry out creative work or replace men.

尽管电子计算机有许多优点，但是它们不能进行创造性工作，也不能代替人。

该定语从句有表示让步的状语从句的功能，故转译为让步状语从句。

由此可见，语言的表达是灵活的。英语中的定语从句应根据原文的文体风格、内容、上下文的内在逻辑关系灵活翻译。在翻译一个句子，特别是当原作语言和译作语言在语法结构和语义结构上差异较大时，往往要经过一个分析、转换和重组的过程。理想的翻译结果是在重组的过程中，两种语言的信息能产生共同的语义结构，并达到概念等值，最终使译文的读者对译文信息的反应与原文的读者对原文信息的反应趋于一致。

第三节 语篇的翻译技巧和方法

句子是语法分析的理想单位，但在运用语言进行实际交往中，语言的基本单位则是语篇。语篇是由句子组建而成的，它是人们运用语言符号进行交往的意义单位，故可长可短。一部长篇小说是一个语篇，一个句子或短语，甚至一个词，都能构成语篇。因此，译者一定要把握好对语篇的翻译。

一、语篇概述

"语篇"这个术语在不同学者的著述中具有不同的含义。胡壮麟在其《语篇的衔接与连贯》一书中指出,语篇是"任何不完全受句子语法约束的在一定语境下表示完整语义的自然语言"。语言学家韩礼德和哈桑在《英语中的衔接》(*Cohesion in English*)中指出:"语篇指任何长度的、在语义上完整的口语和书面语的段落,它与句子或小句的关系不在于语篇的长短,而在于衔接。""语篇与非语篇的根本区别在于是否具有语篇性——而语篇性是由衔接关系形成的。"

总而言之,语篇是高于句子的语言层面,能够独立完成某种特定交际功能的语言单位。语篇是语言结构和翻译的最大单位。语篇可以以对话形式出现,也可以以独白形式出现;可以是众人随意交谈,也可以是文采斐然的诗作或精心布局的小说或故事。但是,需要注意的是,语篇并不一定就是一大段话,只要是表达了一个完整的意思,那么一个词语也可以称为语篇。例如,溺水者高呼一声:"Help!",这样简单的一个词也可构成完整的语篇;公共场所的标语"No Smoking",虽然是个短语,但它是个完整的语义单位,有其交际目的和功能,也应看作完整的语篇。

二、语篇分析在翻译中的运用

语篇分析是美国语言学家哈里斯首先提出的一个术语,后来被广泛用于社会语言学、语言哲学、语用学、符号学、语篇语言学等领域。自从翻译界将"语篇分析"这个语言学研究的成果嫁接到翻译学科,翻译界对"上下文"的认识有了一个飞跃,从感性上升到理性,从经验上升到理论。掌握了"语篇分析"理论,译者就能在跋涉译林时,既看到树木,也看到整片森林;就能将原文的词、句、段置于语篇的整体中去理解、去翻译。这样,译文的整体质量就有了很大的提高。语篇分析的基本内容包括衔接手段、连贯、影响语篇连贯的因素,其中对译者而言,最为重要的是衔接与连贯。

句子或句群不是被杂乱无章地堆砌在一起而构成段落与篇章的,相反,它们总是依照话题之间的连贯性和话题展开的可能性有规律地从一个话题过渡到另一个话题。篇章的存在要求其外在形式和内在逻辑,即衔接和连贯具有一致性。作为语言实体,段落与篇章在语义上必须是连贯的,而连贯性在很大程度上需要靠语内衔接来实现。连贯是首要的,衔接要为连贯服务。翻译工作者为了使译文准确、通顺,必须处理好衔接与连贯的问题。在翻译实践中,译者应该首先吃透原文,了解作者怎样运用衔接手段来达到连贯的目的,然后根据英汉两种语言在形式与逻辑表达上的差异通权达变。

三、语篇的衔接

衔接是篇章语言学的重要术语,是语段、语篇的重要特征,也是语篇翻译中的一个重要环节。衔接的优劣,关系到话语主旨或信息能否被读者理解和接受。所谓语篇衔接,就是使用一定的语言手段,使一段话中各部分在语法或词汇方面有联系,使句与句之间在词法和句法上联系起来。例如:

The human brain weighs three pounds, but in that three pounds are ten billion neurons and a hundred billion smaller cells. These many billions of cells are interconnected in a vastly complicated network that we can't begin to unravel yet... Computer switches and components number in the thousands rather than in the billions.

人脑只有三磅重,但就在这三磅物质中,包含着一百亿个神经细胞,以及一千亿个更小的细胞。这上百亿、上千亿的细胞相互联系,形成一个无比复杂的网络,人类迄今还无法解开其中的奥秘……电脑的转换器和元件只是成千上万,而不是上百亿、上千亿。

在上例中,"billion"一词重复出现了四次:"ten billion neurons" "a hundred billion smaller cells" "These many billions of cells" "in the billions"。很显然,前两次所说的是不同的两种细胞,第三次是对前两种细胞的统称,第四次是指这两种细胞的数量。因此,在翻译时要对"billion"一词加以注意,应将英语的数目概念改成汉语的数目概念,照顾语篇的连贯,切忌把"These many billions"译成"这许多十亿",把"in the billions"译成"数以十亿计",这样会切断语篇的连贯性,让读者不明所以。

句组中的各个句子之间、句组与句组之间需用不同的衔接手段来体现语篇结构上的黏着性和意义上的连贯性。语篇的衔接手段大体可分为词汇手段和语法手段两大类。

(一)词汇手段

语篇的连贯可以通过词汇衔接手段予以实现。韩礼德和哈桑认为,英语词汇衔接关系可分为两类:同现关系和复现关系。此外,运用逻辑连接语也可以实现语篇的连贯。

1. 词语之间的同现关系

同现关系指的是词语在语篇中同时出现的倾向性或可能性。一些属于同一个"词汇套"或同一个"词汇链"的词常常一起出现在语篇中,衔接上下文。例如 thirsty 一词常会使人们联想到 drink、water、soda water、mineral water、tea、coffee、coke、beer 等词,这些词可能会在语篇中同时与 thirsty 一词出现。除了这种词之外,反义词也常用来构成词语之间的同现关系。反义词的两极之间可以存在表示不同程度或性质的词语，如在 hot 和 cold 之间尚有 warm、tepid、lukewarm、cool 等词。例如：

John is a good teacher. But he is a bad husband.
约翰是一位出色的教师，但他不是好丈夫。

上面例子中的"good"和"bad"这一对反义词就构成了两句话之间存在的同现关系。此外，互补词也能确立词语之间的同现关系。

2. 词语之间的复现关系

韩礼德和哈桑认为复现关系主要是通过反复使用关键词、同义词、近义词、上义词、下义词、概括词等手段体现的。词语的不同复现手段往往能显示不同的文体或风格特征。韩礼德和哈桑通过下列例子证明了自己的观点。

（1）原句：There's a boy climbing that tree. 有一个男孩正在爬那棵树。
复现：
A. The boy's going to fall if he doesn't take care.
这个男孩如果不小心会掉下去的。
B. The child's going to fall if he doesn't take care.
这个孩子如果不小心会掉下去的。
C. The lad's going to fall if he doesn't take care.
这个少年如果不小心会掉下去的。
D. The idiot's going to fall if he doesn't take care.
这个笨蛋如果不小心会掉下去的。

上例中，A、B、C、D 是对原句的复现。A 是"boy"一词复现，B 中的"child"是 boy 的上义词，C 中的"lad"是 boy 的同义词，D 中的"idiot"属于概括词，口语中可泛指人（常含贬义色彩或熟稔口吻）。

（2）原句：I turned to the ascent of the peak. 我向顶峰攀登。
复现：
A. The ascent is perfectly easy. 攀登是十分容易的。
B. The task is perfectly easy. 这项任务是十分容易的。
C. It is perfectly easy. 它是十分容易的。
D. Climb is perfectly easy. 攀登是十分容易的。
E. The thing is perfectly easy. 这件事是十分容易的。

上例中，原句和 A、B、C、D、E 句之间存在着复现关系，其衔接就是通过词汇手段实现的。A 的手段是重复使用关键词；B 的手段是使用上义词；C 的手段是运用代词；D 的手段是使用同义词；E 的手段是使用概括词。

3.运用逻辑连接语

逻辑连接语指的是表示各种逻辑意义的词、短语和分句，包括以下几种：
（1）表示句子之间（含句组之间）的时间关系的逻辑连接语。
（2）表示句子之间的因果和推论关系的逻辑连接语，如 consequently、so、otherwise、then、hence、because、for this reason、in that case 等。
（3）表示附加关系的逻辑连接语，如 by the way、in other words、for instance、likewise、similarly、and、or 等。
（4）表示句子之间的转折和对比关系的逻辑连接语，如 however、but、yet、never the less、in fact、in any case、on the contrary 等。
（5）表示位置、方向和地点等意义的逻辑连接语，如 over、here、there、under、above、down、up、nearby、further、beyond、beneath、adjacent to、close to、near to、next to、in front of、on top of 等。

（二）语法手段

句子或句组之间的衔接可以通过语法手段予以实现。其中较为常见的语法手段有以下几种。

1.动词的时体变化

动词的时体可以在句子中起到衔接的作用。例如：

（1）The boy stopped running. He saw his mother.
那个男孩停止了跑动，他看到了他的母亲。
（2）The boy stopped running. He had seen his mother.
那个男孩停止跑动，因为他看到了他的母亲。

从动词的时体变化可看出，句（1）中的两句之间存在动作发生的时间顺序关系，而句（2）中的两句之间既存在着动作发生的时间顺序关系，又存在着因果关系。

2.照应手段

照应指的是词语与其所指对象之间的关系。在语篇中，如果对一个词语的解释不能从词语本身获得，而必须从该词所指的对象中寻求答案，就产生了照应关系。因此，照应是一种语义关系，是表示语义关系的一种语法手段，也是帮助语篇实现其结构上的衔接和语义上的连贯的一种主要手段。照应关系可分为两种类型：语内照应和语外照应。语内照应又可分为两种情况：一种是"上指"（亦称"反指"），即用一个词或词组替代上文中提到的另一个词或词组。另一种情况是"下指"（亦称"预指"），即用一个词或短语来指下文中即将出现的另一个词、短语乃至句子。语外照应是指在语篇中找不到所指对象的照应关系。

3.替代

替代是一种既可避免重复又能连接上下文的手段，指的是用代替形式来取代上文中的某一成分。替代是一种语法关系，与照应表达对等关系不同，它表达的是一种同类关系。在语篇中，替代形式的意义必须从所替代的成分那里去查找，因而替代是一种重要的衔接语篇的手段。替代可分为名词性替代、动词性替代和分句性替代等多种形式。与英语相比，汉语中替代手段使用的频率较低，汉语往往使用原词复现的方式来达到语篇的衔接与连贯。英语可以用代词 so、do、do the same 等替代形式来替代与上文重复的成分，形成衔接。但是汉语中没有类似的替代形式，通常需要用词义重复来连接。因此，译者在翻译时应注意英语与汉语的不同表达习惯。例如：

（1）Everyone seems to think he's guilty. If so, no doubt he'll offer to resign.

似乎每个人都认为他是有错的。如果是这样，毫无疑问，他将会提出辞职。

句中的"so"替代了前文的分句"Everyone seems to think he's guilty."，简洁明了。

（2）Electrical charges of a similar kind repel each other and those that are dissimilar attract.

同性电荷相斥，异性电荷相吸。

此例中代词"those"替代了前文中的"Electrical charges"，译文则采用的是"电荷"这一名词。

4.省略

省略指的是把语言结构中的某个成分省去不提。句中的省略成分通常都可以从语境中找到，这样句与句之间就形成了连接关系。同替代一样，省略的使用也是为了突出主要信息，衔接上下文，避免重复。作为一种修辞方式，它符合语言使用的经济原则。省略可看作一种特殊的替代——零替代。省略是一种重要的语篇衔接手段，可分为名词性省略、动词性省略和分句性省略。相比较而言，英语的省略现象比汉语要多一些，因为英语的省略多数伴随着形态或形式上的标记，不容易引起歧义。例如：

Everybody has a responsibility to the society of which he is a part and through this to man-kind.

每个人都对他所属的社会负有责任，通过社会对人类负有责任。

英语有 to 这一形式标记，说明省略的动词成分，这样能使前后衔接，结构紧凑，汉语的习惯则要求重复这一成分。英语的表达具有很强的实际意义，在翻译时要首先把省略的部分补齐，才能够结构完整，衔接紧密。

在省略这一衔接手段中，译者尤其需要注意的是汉语经常省略主语，因为汉语具有主语控制力和承接力强的特点，在汉语语篇中，当主语一次出现后，在后续句中可以隐含。

5. 连接

连接是表示各种逻辑意义的连接手段，连接词又称"逻辑联系语"。连接词既可以是连词，也可以是具有连接意义的副词、介词及短语，还可以是分句。连接关系是通过连接词以及一些副词或词组实现的。连接词在语篇中具有专业化的衔接功能，表明了句子间的语义关系，甚至通过前句可从逻辑上预见后句的语义。通过使用各种连接词语，句子间的语义逻辑关系可以明确表示出来。

语篇中的连接成分是具有明确含义的词语。通过这类连接性词语，人们可以了解句子之间的语义联系，并且可以根据前句预见后续句的语义。韩礼德将英语的连接词语按其功能分为四种类型，即：添加和递进、转折、因果、时序。这四种连接词的类型可分别由以 and、but、so、then 为代表的简单连词来表达，它们以简单的形态代表这四种关系。

添加和递进是指写完一句话之后，还有扩展余地，可以在此基础上再添加某些补充信息。表示添加、递进的连接词语有 and、furthermore、in addition、what is more 等。

转折是指后一句的意义与前一句的意义截然相反。前一句的陈述是肯定的，后一句却是否定的；前一句是否定的，后一句则是肯定的。表示转折关系的连接词语有 but、on the other hand、however、conversely 等。

因果连接是指以各种不同方式体现的原因与结果的关系。表示因果关系的连接词语有 so、because、for this reason、consequently 等。

时序连接表示篇章的事件发生的时间关系，这类词语有 then、formerly、first、in the end、next 等。

(1) My client says he does not know this witness. Further, he denies ever having seen her or spoken to her.

我的当事人说他并不认识这位证人。更深一层地说，他否认见过这位证人或与她说过话。

此例中后面补充的语义实质上是对前面内容的扩展和肯定，并使两个句子紧密地连接起来。

(2) I am afraid I'll be home late tonight. However, I won't have to go in until late tomorrow.

我担心今晚回家会晚。可是，我不会一直晚到明天才回家的。

此例中，前一句是陈述句，后一句是否定句，后一句的意思与前一句完全不同。

第四节 文体的翻译技巧和方法

随着科学技术的迅速发展，国际交往日益密切，为了满足交际和交流思想的客观需要，应用性文体大大地发展并丰富了文体学的研究，语言教学方面对此也有所反应。直到 20 世纪 80 年代，随着系统功能语言学的发展，人们才从语言功能的角度把各种传递信息的语篇划归为实用文体。实用文体包含的语篇类型十分广泛，涉及社会生活、经济活动、科学技术、工农业生产、新闻传媒等方方面面，例如商务文体、法律文件、科技文体、新闻报道等。

一、实用文体的功能特征

虽然实用文体的门类繁多，文体的正式程度跨度很大，但它的功能特征主要表现为以下几点：

（一）信息性

实用文体的基本功能是承载人类社会的各种信息，叙事明理、传旨达意。

（二）匿名性

实用文体的各类语篇如法律文本、告示、广告语、说明书、旅游指南等，是按约定俗成的程式行事，缺乏甚至没有作者或译者个性，而且许多语篇不署作者、译者姓名，这就是实用文体的匿名性。尤其是英语科技文摘，几乎没有作者个性。

研究实用文体翻译，离不开对实用文体各语域进行的分析，要分析各种语言习惯，以便确定哪些特征经常或仅仅应用于哪些场合；要尽可能说明为什么某种文体具有某些特征，而不具备另一些特征，并以语言功能为依据，对这些特征进行分类。

（三）劝导性

实用文体劝导受众去相信或不相信什么，劝导人们去认可或否定什么。有时作者力图表述客观，使自己提供的信息可被验证或追本溯源。

二、文体翻译标准

翻译的标准是指导翻译活动的准则和衡量译文质量的尺度。实用文体的翻译主要有以下几个标准。

（一）正确

实用文体的翻译不论全译、选译还是综述，均以正确传达原意为第一要义，特别是在表达空间、时间、位置、价值等概念时更需精确，切忌主观臆断。为此，在理解原文的前提下，须用反映相关概念的术语或专业（行业）常用语来表达。例如：

The function of a derrick is to provide the vertical clearance necessary to the raising and lowering of the drill string into arid out of the hole during the drilling operations.

误译：井架的功用是在钻井操作时将钻柱从井内提出和将它放入井内提供必需的垂直间隙。

此句中的"clearance"指钻台平面至天车（石油钻采机械设备）底部平面之间的大距离空间，按一般英汉词典译成"间隙"不妥。"the raising and lowering of the drill string into arid out of the hole"译为"升起、下钻作业"更为精确且简洁。因此，此句应该译为"井架的功用是升起、下钻作业时为钻柱提供必要的垂直空间"。

实用语篇，无论书信、合同、报告、标书，甚至论文、新闻报道等都有自己的程式，程式是与已定内容相关的形式。为了表述某一特定的科技内容，可用的形式有表格、报告、论文、文摘、标准、专利说明书（假如这一内容有首创性）、专著等不同形式，或简或繁，或长或短，或深或浅，皆根据不同的需要，选择不同的程式，文字格式也包含在程式内。有些字句的表达已形成模板，译法也大致固定。

（二）通达

通顺达意是翻译的一般标准。为此，翻译时经常要采用引申、增词、减词、调整词序等变通的手法。一味地遵循字面意思直译，难免会使译文生涩难懂，不但没有可读性，还会造成理解上的障碍。例如：

（1）Then people in Shanghai found great trouble in getting to their destinations on foot or by car and it became a top social problem.

当时，上海行路难、乘车难成为突出的社会问题。

（2）The magic spades of archaeology have given us the whole lost world of Egypt.

考古学家用神奇的铁铲把整个古埃及都发掘出来了。

（三）适切

根据实用语篇特定的功能和目的，译文需符合译入语国家的政治环境、文化氛围、方针政策和技术规范。为此，译文有时必须加以调整。例如：

伴随着改革开放的脚步，第 21 幼儿园走过了 13 年的发展历程，经过全体职工的努力，他们连续 7 年被评为朝阳区教育工作和全面工作管理优秀单位；1997 年至 1999 年获市卫生先进单位。

The 21st Kindergarten has been a success since it was set up 13 years ago. For 7 consecutive years, it has been given various honorary titles by Chaoyang District. From 1997 to 1999 it was commended by the municipal government for its hygienic conditions.

此句中的"优秀单位""先进单位"很难用英语定义。这类词语国内习以为常,但直译难免臃肿累赘,且容易令英语读者不解,因此译文适当地进行了省译。

此外,由于市场经济的运转速度加快,各行各业都重视时效,因此译者要在保证质量的情况下提高翻译速度。没有速度就没有翻译任务,过去"慢工出细活"的做法已不可行,因为现在的要求是既要质量好,又要译得快。

第五章 大学英语翻译教学中的人才培养

第一节 大学英语翻译教学与文化自觉的培养

一、大学英语翻译教学现状

　　大学英语翻译教学着重训练学生的双语转换能力，即"译"的技能。不过，相比于读写听说等传统课程，翻译教学的受关注程度仍然不够。业内部分人士指出，翻译教学主要面向外语专业学生，训练其翻译技巧和翻译能力，非外语专业的学生接受的翻译教学实则是翻译训练，即在汉语授课环境下进行的中外互译，只是一种教学手段而不是教学目的。

　　一段时间以来，大学非英语专业学生在翻译意识和水平上均有欠缺。在改革后的全国大学英语四级考试中，翻译部分占试卷的比例增加到了50%，主要以文章片段的形式考查学生的话语转换、衔接和整体谋篇布局的能力，并通过我国社会政治、经济、历史和人文等话题检测学生的国情认知积累，以及对中华民族文化价值观的正确理解。而通过问卷调查可以发现，有近60%的学生认为改革后的翻译试卷比较难或者很难，近62%的学生对翻译的话题不太熟悉。这在一定程度上体现出大学英语翻译教学中对大学生翻译能力的训练，特别是对汉译英能力的训练强度急需提高。

二、在大学英语翻译教学中培养文化自觉的方法

一段时间以来，外语被当作工具属性学科。语言的学习被局限于单词、句法、文章理解层面，其认知功能和社会文化属性在一定程度上被弱化。高等院校的英语教学不能仅把语言看作一种工具，而要把语言置于更广泛的社会、政治和文化语境下，进一步强化和渲染其人文特质。

翻译能够将语言的输入和输出联合在一起，是更高级的语言能力体现。相较于阅读、听力、写作、口语教学，翻译教学是更加综合的能力培养。在翻译过程中，学生会对中外文化的异同有深刻明晰的洞察。大学英语翻译教学要肩负起培养学生文化自觉的责任。

（一）加强文化活动设计

大学英语教师在专业知识学习和积累的过程中，往往会形成对目的语文化的亲近感，这是语言学习的一个自然过程，但是英语教师要认识到语言和文化是在政治、经济、文化不平等分布的跨文化语境中构建的，不能片面地将目的语文化的优越性夸大，从而贬低母语文化和价值体系。教学中应加强文化活动设计，引导学生深入了解中华文化内涵。例如，针对"洋节热"的现象，教师可以组织学生开展"了解中国传统节日"的活动，要求学生以小组为单位，细化分工，搜集中国传统节日资料，并制作课件，在课上用英文进行展示和讲解。学生查阅并收集诸如春节、清明节、端午节、中秋节等传统节日的起源、典故、习俗等知识，并以中英对照的形式在课上进行阐释讲解。通过这样的教学活动，学生深入了解了相关的文化知识，提高了翻译能力，也强化了对中国传统文化的理解。

（二）引导学生客观分析中西方文化差异

大学英语教师应树立和加强文化自觉意识。在大学英语课堂上，教师引导学生理解语言背后的政治和文化属性，要注意将中西方文化进行比较，引领学生深入思考不同文化之间的差异和联系。例如，《新视野大学英语（第三版）》第一册中，第一单元的翻译练习围绕话题"教育"展开，英译汉练习介绍了古希腊的哲学家苏格拉底，汉译英练习则要求学生翻译有关我国思想家、教育家孔子的一段材料。英译汉短文中的词汇 logic，即逻辑学，是西方哲学中的一个分支，反映了西方哲学的理性思维特点。与西方哲学相比，中国哲学则具有艺术思维的发散性和象征性，强调"天人合一"。在翻译教学中教

师可以引导学生认识两种文化的不同之处。此外，文中提到了苏格拉底和孔子都是伟大的教育家。英译汉文本中的"Socratic Method—by asking and answering questions to stimulate critical thinking and to explain ideas.（苏格拉底教育法——通过问答的形式来激发批判式思维和解释思想。）"与孔子所提倡的"不愤不启，不悱不发"是高度一致的。教师在阐释文本时，也要启发学生看到两种文化的联系和相似之处。因此，对于课后涉及文化的翻译练习，教师要有相应的知识储备，在课前做足准备工作，要在对词汇句法进行分析的基础上引领学生深入理解文本内容，了解文化背景和渊源。

（三）强化学生批判式思维能力训练

西方文化对我国传统的价值观体系形成了一定冲击。大学生思维活跃，对新事物的接受能力强，学习英语并了解西方文化为他们打开了一扇视野之窗，学生对西方文化充满好奇，但要预防他们与本土文化的疏离，丧失民族自豪感和自觉性。

批判性思维是对相信什么或去做什么而做出决定的理性的思考。大学生加强文化自觉意识需要提高批判性思维能力。大学英语课堂要培养学生在纵向的文化传承和横向的文化开拓中，能够辩证地看待西方文化和中国文化，对二者都能够取其精华，去其糟粕，创造性地继承和发展。以《新视野大学英语（第三版）》第二册第三单元的翻译练习为例，英译汉的文章介绍了美国文化中的"个人主义"；而汉译英则围绕中国的传统道德规范之一"孝道"展开。这两种文化都有产生的背景和历史渊源。学生在翻译练习中不仅要学习相关的词汇知识和表达技巧，更要深入思考，了解两种不同价值观的社会土壤和存在合理性，能够理解美国的"个人主义"对家庭关系的影响是强调父母和孩子之间的平等性，但这也会引起一些社会问题；中国的孝道则推崇尊老敬老的美德，也形成了家庭关系中长幼尊卑的传统。两种价值观各有其优势，在现代社会生活中不能简单地崇扬或贬抑，对于我国的传统文化，也要批判地继承和发展。

大学生的思维是开放式的，他们要领略西方文化的多彩，更要理解民族文化的内涵。教师要引导学生在文化体验中保持清醒的头脑与判断能力，在文化比较中树立真正的文化自觉意识。

（四）灵活运用教学方式

一段时间以来，大学英语翻译教学在一些学校的受重视程度有待提高，教学方式也有待改进。部分大学英语课堂，仅仅在课后练习中会提及一些单词、短语的翻译，而对深层次的中西文化比较、中西思维比较等鲜有涉及。随着近年来我国一系列战略的实施，以及大学英语等级考试考核方式的改革，不少大学英语教材重新编订，加大了有关中国文化的翻译的比重，使学生能够有更多的机会了解中国文化常识，并学习用英语进行阐释。还有一些大学开始尝试实施个性化分类教学，在传统大学英语教学的基础上开设了大学英语拓展课，以分类指导、分层教学的方式为不同需求的学生提供更多的特色教学内容，其中包括中国文化英语读本、翻译技巧和赏析课程等。教学方式的多样化无疑为学生进一步强化文化自觉、增强文化自信提供了更广阔的平台。

第二节 大学英语翻译对学生能力的要求和训练

当前国内部分大学的英语教学对学生的翻译学习需求无法充分满足，同时学生自身的翻译意识和能力也存在着严重不足。下面将针对大学英语翻译教学存在的教与学的问题，基于大学生内在的翻译学习需求，对如何培养学生翻译能力的有效途径进行探索，以期促进学生翻译能力的发展。

随着经济全球化的日益加深和我国经济的高速发展，中西方之间的国际交流也越来越频繁。作为沟通不同语言、文化之间的纽带，翻译在世界舞台上扮演着不可替代的角色。现如今各行各业之间的国际交流与合作日趋频繁，从而对既具备过硬专业知识又能够胜任翻译工作的优秀人才表现出了更迫切的需求。然而，当前许多大学非英语专业毕业生的实际翻译能力还无法满足社会对此类翻译人才的要求。因此，学校要对非英语专业学生的翻译能力问题给予足够的重视，同时不断探索培养学生翻译意识，切实提高学生实际翻译能力的途径。

一、翻译能力需求

经济全球化催生了对具备较强翻译能力的应用型人才的更高需求，培养具备较高水平的非英语专业毕业生是满足社会这一需求的有效途径。

（一）认识翻译能力

季羡林曾经指出，自从人类有了语言，翻译便应运而生。在世界文明发展的历史长河中，在中华民族伟大复兴的进程中，翻译始终都是不可或缺的先导力量。翻译能力是一种综合性的技能，但目前国内外翻译研究领域对其尚无统一且明确的定义，故"翻译能力"有着不同的指代名称，如转换能力、翻译的能力、译者能力、翻译表现、翻译能力、翻译技能等。按照纽伯特的划分方式，可将翻译能力分为语言能力、语篇能力、文化能力、学科能力和转换能力五个方面。就翻译能力的内涵而言，国内学者也有颇多论述，有的将翻译能力划分为语言与文本能力、策略能力和自我评估能力，有的认为翻译能力包含语言-语篇-语用能力、文化能力、策略能力、工具能力、思维能力和人格统协能力六大因素。显而易见，掌握必要的英语语言知识和能力只是具备翻译能力的必要条件之一，并不能等同于翻译能力，也不意味着学好外语就能做好翻译。

（二）非英语专业学生的翻译能力要求

教育部办公厅印发的《大学英语课程教学要求（试行）》对大学英语教学提出了一般要求、较高要求和更高要求。在翻译方面，对非英语专业学生提出了"能借助词典对题材熟悉的文章进行英汉互译""译文基本流畅，能在翻译时使用适当的翻译技巧"等要求。

随着中国的经济快速发展，中外经济贸易往来、科技文化交流日益频繁，这也为中外文，特别是中英文的互译提供了一个巨大的翻译市场。在这其中，文化、科技、医药和商务等各个领域的文本翻译占据了相当大的比例，翻译需求十分旺盛，从而对翻译人才的数量和质量提出了更高的要求。但是，目前中国翻译产业存在的突出问题之一就是翻译人才大大少于需求。理论上来说，翻译人才的培养主要由外语类专业来完成，而外语翻译人才也应该以此类专业毕业的学生为主。然而，在翻译实践中，由于翻译文本包罗万象，涉及科技和人文等众多不同的领域，因此不仅要求从事翻译的人员具有较高的中外语言互译能力，同时也要求他们能够比较了解甚至精通文本对象所涉及的相关行业和领域，要既了解行业发展又具备较强的语言能力。大学英语教学对于培养这种复合型的、具有相当翻译能力的毕业生提供了理论和现实的可能。多年来，不少大学都为非英语专业学生开设了英语专业的第二学位课程。可以说，部分非英语专业学生的英语水平已经接近甚至超过英语专业学生的水平。因此，对于非外语专业的学生来说，他们未来所从事的行业需要其具备较强的翻译能力，以便能够更好地满足工作需求，实现自身职业发展。

二、如何培养学生的翻译能力

为了应对新时期的挑战和日益扩大的市场需求,大学英语教学中的学生翻译能力培养必须受到重视,其培养策略可以分为几个方面:

(一)对当前的大学英语课程体系进行改革,增加翻译教学比重

课程设置指的是相关课程的设立与安排,一般包含课程的类型、授课安排和学时分配等,同时也规定了相关课程的学习目标、内容和要求等。课程设置合理与否,主要看其结构和内容是否恰当和符合实际需求,能否有效地满足教学活动的展开。就大学英语课程而言,合理的课程设置应该符合人才培养计划的要求,体现大学英语课程符合培养复合型和应用型人才的目标。但事实上,很少有大学会为非英语专业学生开设专门的翻译课,更多的做法是将翻译作为大学英语综合课的一部分,在课堂上顺带涉及。这种安排有许多无奈之处,其结果就是,学生无法认识到翻译的重要性,得不到系统而有效的翻译理论与实践知识的学习,从而严重影响了翻译能力的培养。另一方面,《大学英语课程教学要求(试行)》特别强调听说能力,从而让人容易忽略翻译能力的培养,这是影响非英语专业学生翻译技能提高的主观原因。

鉴于翻译在外语教学中的重要地位,为了顺应中外交流和对外开放的需求,应当对目前相对滞后和不合理的大学英语课程设置进行调整,突出翻译的重要性。大学英语教学不应该延续以往词汇、语法教学的机械式强化性训练,否则会有损学生对语言学习的兴趣和积极性。所以,对目前的大学英语课程体系进行改革是真正落实重视翻译教学的重要一步。目前行之有效的措施是对大学英语课程的内容设置进行调整,增加翻译教学内容。在中外交流日趋频繁的今天,大学英语教学不仅要增加英汉翻译的教学内容比重,也应该看到国内外人才市场对具备高水平中译英能力的人才需求具有日益增长的趋势。因此,学校要因势利导,调整大学英语的课程体系与教学内容,在英语教学中不断加强翻译人才,特别是中译英人才的培养力度,将学生打造成专业知识与翻译能力兼备的复合型人才。

(二)编写、出版适合非英语专业学生的各类翻译教材

目前市场上的各类翻译教材种类繁多,但绝大部分都是针对英语专业学生的,面向非英语专业学生的教材类型不多,可供选择用来配合大学英语教学的更是少之又少。针

对这一现象，英语教育和翻译工作者、相关教材出版单位应该重视起来，组织相关领域的专家学者编写、出版适应新时期需求的翻译教材。

为非英语专业学生专门开设翻译选修课还应注意一些问题。由于学生专业不同，他们的英语基础和翻译需求也不同，因此需要结合实际为他们选择不同的翻译教材，让教材的选用与专业的差异性相结合，而不是直接使用同一种翻译教材。另外，在选择教材时还应该注意其时效性。如今科技发展与信息更替的速度极快，许多教材的内容都具有一定的滞后性，因为教材的编写永远无法与新知识保持完全同步，所以在选用教材时，应该特别注意其内容的时效性和创新性。

（三）改变传统的大学英语教学观念与方法，重视翻译教学

要从总体上提高非英语专业学生的翻译认知与实践能力，就需要对大学英语翻译教学给予足够重视，改变以往轻视翻译的传统教学观念。长期以来，翻译普遍被认为是一种英语学习的额外产出，是学好英语的必然产物。在大学英语课堂上，英语教师往往更注重学生听、说、读、写方面的教与学，翻译这项技能则被摆到了最后也是最容易被忽略的位置上。事实上，翻译能力的培养需要学校与教师传授给学生相应的翻译知识和技巧，从而唤起他们的翻译意识，以进一步达到培养其翻译能力的最终目的，这应是当下大学英语教学不能忽略的重要方面。

较之传统的课堂讲授方式，大学英语翻译教学要求其教学方法能够更加新颖和行之有效，因此可以引入新的教学方法。例如引进可以监督学生整个翻译过程，体现学生主体性和能动性的翻译软件。在重视翻译教学方式创新的同时，还应该与时俱进，树立现代教学观念。21世纪是互联网时代，因此要让计算机、互联网，特别是现如今更为人们所接受的移动互联网终端来为非英语专业学生的翻译学习服务，翻译教学要善于利用丰富的互联网资源来营造多彩的英语翻译教学环境，从而让翻译的教与学变得更有效、更具吸引力。此外，翻译技术教学也是近年来翻译教学中的重要组成部分，借助机器翻译、翻译记忆、术语库与术语管理等手段，能大大提高翻译速度，科学提升翻译质量，这也是大学生走出校门后必须掌握的一种解决翻译问题的有效手段。

（四）注重中西方文化背景知识的学习，提高学生语言文化认知水平

出于种种原因，一直以来大学英语教学在涉及翻译教学时，更多的是注重语言与信息的转换，对于翻译过程中出现的文化现象和文化背景知识往往一笔带过，从而无法引起学生对学习和积累文化背景知识的兴趣。语言和文化是密不可分的，不注重培养学生

的文化意识,就很难真正培养学生的翻译意识,那么对学生翻译能力的培养与提高就无从谈起。中英文互译从内涵上来说是不同民族、不同文化之间的沟通、交融、渗透以及互相影响的过程,是一种跨文化交际活动在语言层面的表现,体现了汉语文化与英语文化丰富的背景信息与社会价值理念。忽视中西方文化背景知识的学习与积累,既难以保证翻译的准确,又不利于信息转换的顺利实现。

正因如此,在翻译能力培养过程中,必须重视文化因素对翻译行为的影响,要加强不同语言的文化背景知识学习。事实证明,在翻译活动中,非英语专业学生对文化背景信息的掌握与理解越多,其翻译的质量就越高,效果也就越好,因为翻译是语言、信息与文化三者之间密切互动的结果。学习中西方文化背景知识,要求非英语专业学生能够树立语言与文化相结合的学习意识,在提高自我语言基本功的同时,博览群书,广泛涉猎中西方国家的文化背景信息,做到厚积薄发。在具体的翻译实践中,要做一个有心人,主动学习,不断积累,同时要善于借助工具书和互联网资源等来拓宽自己的文化视野,力求在翻译中能准确理解并正确表达翻译对象,为将来从事翻译工作打下良好的文化知识基础。

(五)将翻译理论、技巧的讲授和翻译实践融入大学英语教学

翻译能力的提高离不开翻译理论的支持和翻译技巧的训练,因此对于非英语专业学生来说,掌握基本的翻译理论与技巧十分必要。针对当前大学生翻译实践不足、翻译理论与技巧缺失的现象,大学英语教学有必要在课堂中加入翻译理论和技巧的内容。学校应该在制订教学计划时将这方面的内容纳入,并通过所授课程分阶段、逐步地向学生介绍翻译的原则、标准、过程和要求等理论知识,以及常用的翻译方法和技巧。此外,要强化英汉两种语言的对比翻译策略,以提高学生转换不同语言符号的适应度和敏锐度。

理论只有联系实际才能发挥其最大的功效。在课堂讲授翻译理论与技巧的同时,教师应安排学生进行有针对性的翻译实践练习,同时将翻译过程讲解与学生作业点评相结合,指出翻译的理论支撑点和实践的优劣得失之处,帮助学生更深刻地理解和领会两者之间的关系,并逐渐学会用理论知识来指导自己的翻译实践。

(六)对非英语专业学生开设翻译选修课

学校应在大学英语总课时不变的情况下,压缩大学英语基础课,缩减语言基本知识的重复讲授,同时增加翻译能力培养的课时和内容。如今大一新生的英语总体水平与以前相比已经有了较大幅度的提升,他们的学习需求也在相应发生变化,不再只是满足于

对高中已学知识的重复，而是渴求新的英语学习内容，诸如实用性非常强的翻译知识和技能等。因此，可以适当压缩每周大学英语基础课的课时，以保证翻译课的课时安排。各院校可根据学生就业、升学和出国等不同学习动机，设置相关后续翻译课程，以更好地满足学生的各类学习需要和社会对复合型人才的需求。

事实证明，当前非英语专业毕业生的翻译能力还远未达到实际工作的要求，这就对大学英语教学在培养学生独立翻译意识和能力方面提出了新的要求。大学英语教学一直以来倾向于对语言基本知识的讲授和阅读理解能力的训练，忽略了对翻译能力的培养，造成大学生的翻译能力严重不足，其原因既有主观方面的，也有客观方面的。但是，各大学如果能够从主客观和教与学等方面入手，切实提高大学生中英文水平，夯实语言基础，扩大知识面，使学生掌握一定的翻译理论与技巧，并结合实际训练，一定能够将非英语专业学生培养成具有综合翻译素质的应用型人才。

第三节 大学英语翻译教学中的跨文化意识培养

英语翻译并不是将英语直译为汉语，其中涉及许多文化知识，如果不了解中外文化的差异，就很容易受到误导，在翻译中出错。因此，普及基本的文化常识，培养学生跨文化意识是英语翻译教学中关键的部分之一，这是一项艰巨的任务，不仅需要学生的长期积累，还需要教师制定专业化的教学模式。

我国的国际化发展步伐正在加快，社会各界对英语专业人才水平的要求也在提高，大学英语教学也开始着力训练学生职业发展所需要的各种专业语言技能。英语翻译是一门专业性极强的课程，对学生的语言基础知识、表达能力和文化意识的要求都较高，因此培养学生的跨文化意识尤为重要。下面将介绍在大学英语翻译课程中培养学生跨文化意识的有效策略。

一、介绍西方文化

　　语言是文化的代表。中国学生生长在东方，以汉语为语言，日常表达早已深深烙印了东方文化，只不过学生处于这样的环境之中并不能明确地感受到。如果不了解西方文化知识，只按照我国的文化视角和语言表达习惯去翻译，很容易翻译错误。为了避免这种问题，教师要在日常的翻译教学中多向学生介绍西方文化。学生的语言文化底蕴丰富了，翻译起来自然也就得心应手。每一种习俗都有它深刻的含义，教师还可以借助习俗这一题材，搜集一些句子和文章，作为学生翻译的素材。

二、介绍文化差异

　　中西方之间的巨大文化差异导致学生会对一些英语词汇和句子的理解出现偏差，在汉译英时也常常只会生硬地直译，对于英语母语者来说很难理解。因此，教师在向学生介绍文化知识的同时，也要注意强调中西方之间的文化差异，使学生能够在翻译时正确处理文化差异。例如，对于这样的描述："Her beauty is beyond description."，学生往往直译为"她的美无法用语言来形容"。虽然不能说这样的翻译是错误的，但是总给人生硬的感觉。学生需要的是站在不同文化的角度，对这句话表达的看法进行理解，然后运用我国独有的语言文化翻译出来，可以译为"美若天仙"，更可以译为"沉鱼落雁"。换一种角度，在描绘一名女子的美貌时，中文常常会用肤若凝脂、柳叶弯眉等词汇，如果要求学生用英语去翻译，很多学生都会直译为"Her skin is like freezing fat, eyebrow like willow leaf."，西方人看后一定不会认为这是对美貌女子的描述。这时，学生最需要具备的就是对文化差异的理解和变通能力，而这一点就需要教师多在平时的教学活动中加以训练。

三、领悟词汇中蕴藏的文化内涵

　　学生日常学习单词，不单单要理解单词的表面意思，还要挖掘单词背后的文化内涵。文化不同，人们对待某些事物的态度也不同，因此学生在看到一些字眼后，会主观判断整篇文章的立意，这时如果文化知识储备不足，很容易判断失误，从而导致全篇的翻译错误。比如，喜鹊（magpie）的出现，在我国被认为是喜事到来的象征，有着吉祥的寓意,但是在西方国家,"magpie"却隐指小偷。可见,即使是单个的词汇,它的文化内涵也是极为深刻的,学生对于文化差异的理解应该深入每一个词语,这样才能准确把握英文材料的内容和意蕴,从而准确地翻译。

四、开展多样的文化活动

若想全面了解西方文化,只有在课堂上掌握的有限的文学理论知识是不够的。教师长期向学生介绍理论知识,学生也难免会厌倦。教师要丰富英语翻译教学内容,可以大力开展实践性的文化活动,以多样的方法使学生多角度地接触西方文化,在一次次活动中认识文化差异,增强跨文化意识。可以在校内举办文化交流宣传活动,鼓励学生以表演、演讲等形式介绍自己了解到的西方文化与中华文化。还可以在网络上举办活动,利用网站等平台,上传大量资料和学生作品,作为学生丰富自身文化知识的资源库。学校可以通过与其他学校举办联谊活动,让校内学生和其他学校的学生交朋友,彼此交流,输出中国文化,促进学生语言表达能力的提高。学生身处跨文化的大环境之中,跨文化意识和翻译能力会在潜移默化中提高。

英语翻译教学的作用在于为社会输送语言表达能力强、善于进行语言转换的专业型人才,跨文化意识是这类人才最基本的从业素质。英语翻译教师深知文化差异为语言表达和理解带来的巨大阻碍,因此在教学中,英语翻译教师要不断加大文化教学的力度,以多种手段和形式培养了解文化、尊重文化的高素质英语翻译人才,使他们的专业能力更强,基本功更扎实。

第四节 大学英语翻译人才培养

一、英语翻译人才培养现状

（一）教学中缺乏文化意识

我国文化与西方文化存在较大的差异，而语言是文化交流传播的重要工具。因此，英语教育可以说是促进跨文化传播的重要途径，能够促进国家与国家之间的交流与合作。长期以来，我国大学英语翻译教学模式还不够完善，大部分英语教师的教学理念较为落后，开展英语教学时只重视理论知识的教学，缺乏对学生翻译实践意识的培养。同时，部分大学未能积极优化自身的教学理念，未能深入理解和认识跨文化理念，影响了学生英语翻译能力的后续发展，进而阻碍了翻译人才的培养。因此，需要推进教师教学理念的转变，让英语翻译教学的理念跟上社会发展的步伐，在教学中融入文化意识，让学生在掌握英语翻译知识的同时能够进一步继承这种文化意识，从而促进学生对英语翻译的深入认识。

（二）缺乏英语翻译实践平台

英语翻译需要理论作为基础，而英语翻译知识的运用离不开实践训练。培养英语翻译人才，不仅要让学生掌握英语知识，同时还要使学生在实践训练中习得英语翻译知识的应用能力与运用技巧，这是要建立在大量的实践训练的基础之上的。但调查发现，我国大部分高校还未建立一个完善的英语翻译实践平台，学生缺少实践训练的机会，现有的实践训练设备不够充足，未能与企业建立合作关系，学生缺乏一个真实的实践场地，使学生无法进一步提高自身英语翻译的实践能力。

(三) 英语翻译教学方式单一

为满足社会发展的需求，许多高校都开设了英语翻译课程，不过受传统教育思想的影响，在实际教学中还存在着照本宣科的情况，大部分教师只根据教材开展英语翻译教学，以理论灌输为主。但也有一些院校对教学进行了优化，一些英语教师也在寻找更为有效的教学方式，而从整体课堂教学的质量来看，教学方式还是比较单一的，不够多元化，在课堂教学中，教师没有重视学生的主体性，学生对学习的积极性与热情都不高，这在较大程度上影响了学生英语翻译能力的提高，无法有效培养高质量的英语翻译人才。

二、英语翻译人才培养策略

(一) 教学中导入文化意识

在英语翻译教学过程中，应培养学生的文化意识，引导学生认识中西方文化之间存在的差异，进一步提高学生对文化差异的包容度。社会高速发展，新生事物的产生是必然，特别是在我国的国际影响力不断提升的背景下，中西方文化的交融程度也在不断提高。在此过程中，作为文化传播载体的语言也一样会以新的形式产生，例如英语单词，如果只是研究课本中的英语单词，却忽视了文化的双向融合，不但会让教学内容更加枯燥，而且无法激发学生的学习兴趣，同时也会使学生失去学习新单词的机会，使英语翻译教学与社会发展脱节。在英语专业翻译教学中导入文化意识，要求学生去发现和收集文化差异现象，教师再对这些文化差异现象进行总结，引导学生去探索形成文化差异的原因，找到我国文化与西方文化融合的地方。教师可以通过一些有趣的案例来引导学生重视翻译过程中文化的融合，强化学生的语感，提高学生的文化理解能力，而这种文化意识会逐渐形成英语翻译教学的鲜明特色。

(二) 以集中培训为培养手段

以集中培训作为英语专业翻译人才的培养方式，也就是在保证正常教学质量的同时集中资源开展培训。例如竞赛类团队的集中培训就是有效的英语翻译人才培养途径。在大学中无论是英语专业还是非英语专业，都有一部分学生特别热衷于英语学习，学习成绩优异，同时也有一部分学生英语成绩较为落后。因此，在实际的教学中，将这些学生集中起来开展培训，让他们去参加不同类型的英语竞赛。高水平的英语学科竞赛可以让不同英语水平的学生同台竞技，一方面能够提高学生学习英语的积极性，另一方面能够使学生通过这种竞赛来发现自己在英语学习中存在的不足，之后有针对性地提高。无论是西方国家还是中国，培养学生的英语口语能力都具有非常深远的意义。

（三）积极建立实习基地

在任何一个专业的发展中，建立实习基地都是必不可少的重要环节。一方面，实习基地能够拓展学生的就业途径，提升就业率；另一方面，实习基地能够让学校培养出来的人才更符合社会发展的要求。因此，学校需要积极建立英语翻译实习基地。实习基地加强了学校与企业合作的力度，为学生的英语实践提供更多的实习渠道，例如有些学校为了提高学生的实践操作能力，与相关企业进行合作，企业将项目外包给学校，学校建立工作室并完善相关设备，参与项目的学生需要每天下课后进入工作室，依托网络平台为企业进行实时的英语资料检索及语言的翻译工作。教务部门根据学校和企业的协议制定相关政策，要求企业为学校提供第一手商业资料，同时为学生提供工作方面的指导。从英语教学角度分析，学生在这种项目中一方面可以提高实际的英语应用水平，另一方面也可以把自己掌握的知识在商务一线工作者的指点下融会贯通，从而进一步提高自己实际的英语翻译应用能力。

（四）创新英语翻译教学模式

英语翻译教学模式的创新无法一蹴而就，需要在传统教学模式的基础上进行优化、创新，其关键之处就是对英语教学方式不断改进与优化。首先，教师要改变传统的教学观念，英语翻译教学是教师与学生共同参与的过程，翻译课堂并不是教师一个人的课堂，这就需要教师以学生为主体进行教学方式的创新。教师要充分认识与理解"授之以鱼，不如授之以渔"这一道理，引导学生自主学习，寻找更多更有效的学习方式，让学生掌握翻译技巧。其次，教师要进行教学创新与学习创新，在教学过程中，教师应引导学生创新学习方式，将创新精神的培养融入日常教学全过程，提高学生的思维能力，让学生不受考试影响，不被标准答案左右，完全发挥自己的翻译技巧与翻译能力，在掌握知识时灵活变通，不断去寻找高质量、高效率的学习方式。教师在开展英语翻译教学活动过程中，在翻译理论教学中融入翻译技巧的教学内容，以教学大纲为基础，结合因材施教原则，将知识潜移默化地融入学习活动，同时在实践中进行总结与提升。教师还需要不断丰富英语学习形式，引导学生选择相关的报纸、书籍及英语期刊等提高阅读兴趣，通过阅读拓展知识面，提高发散思维的能力。

在经济全球化背景下，国与国之间的政治、经济及文化等各个领域的互动不断增强，必然影响英语翻译人才的专业性与综合素质。作为培养英语翻译人才的高校，必须接受英语教学改革的客观要求，根据社会对英语翻译人才的要求，结合英语翻译教学的内容，全面深化改革英语翻译课程与教学模式，从而为国家培养出更多具有较强实践能力的翻译人才。

第五节 大学英语翻译教学中审美意识的培养

一、大学英语翻译教学与审美意识

翻译与文艺美学密不可分，中西方的翻译学者对翻译与审美的关系都有过精辟的论述。

英国翻译理论家泰特勒提出了著名的"翻译三原则"，认为成功的译作应能体现原作的全部优点，洞察原作的全部推理，最终领悟原作的全部美。法国的维勒瑞主张翻译的技能在很大程度上取决于对文学作品"真值"的审美感知。

翻译理论与文艺美学的结合也是我国传统翻译理论的基本特征。严复在《天演论》中提出的"信、达、雅"翻译原则，在我国产生了深远影响，其中"达"和"雅"对审美提出了一定的要求。傅雷在20世纪50年代提出的"重神似而不重形似"的观点更是从审美角度出发的。另外，翻译史论上直译和意译之争是内容与形式的关系问题，从审美角度来看是意境和传神的关系问题。

翻译的本质是一种"再创造"的审美活动，翻译主体的审美意识和能力必将对翻译产生影响。因此，培养学生对美的感知是必要的。只有具备审美能力和审美经验，才能在翻译过程中自发产生审美态度，领会原文的精髓和美感，从而用符合目的语审美习惯的表达进行翻译。在授课过程中,教师应避免过分强调对知识点的翻译,要有意识地将翻译和美学结合起来,让学生在翻译过程中体验并欣赏美,在翻译实践中产出准确且有美感的译文。

二、大学英语翻译教学中培养学生审美意识的重要性

美学功能是语言的重要功能,翻译活动作为跨文化交流的桥梁,除了要满足内容正确、信息完整的要求外,还要再现语言之美,并将语言之美反映出来。语言美的基本要素有很多,如语音特征、语义特征、意象、修辞等,将这些要素融入翻译,可以使作品不再是文字的堆砌,而是表达美学意义的审美画面。在大学英语翻译教学中,教师可以将音韵美、意境美这两个要素作为起点,培养学生的审美意识。

(一)音韵美

音韵的运用是文学作品富有审美意义的重要考量。成功的文学作品朗朗上口,流利悦耳,具有一定的艺术美感。音韵的恰当使用不仅可以润色语言,还能渲染氛围,加强情感表达,烘托意境,增加艺术效果。下面以英国著名作家托马斯·奈什的诗作 *Spring*(《春》)为例,说明音韵美的重要性。

Spring

Spring, the sweet Spring, is the year's Pleasant King,

Then blooms each thing, then maids dance in a ring,

Cold cloth not sting, the pretty birds do sing,

Cuckoo, jug-jug, pu-we to witta-woo!

诗歌翻译是文学翻译中最难的部分之一,却也是帮助学生建立翻译审美意识的最好文体。翻译诗歌时,学生只有理解作者的审美,体会其审美经历,并在翻译中保留原文的音韵美,才能将原文的内容、氛围、文式和感情传达清楚。教师在让学生翻译前,可以先带领学生朗读这首小诗,让他们体会音律在这首诗中的作用。前三行的结尾单词"king""ring""sing"有着相同的尾韵[ŋ],并且和诗的主题"spring",以及句中的"thing""sting"享有共同音节。押尾韵的方式表达了作者对明媚春天的审美体验,使读者产生和谐畅快的美感,仿佛沐浴在阳光和煦的春天里。因此学生在翻译时也应注意

音韵美。下面是这首小诗的优秀译作：

春

春天，可爱的春天，你是快乐之王总领全年。

万紫千红争妍，少女环舞翩跹；

已无料峭之寒，处处俊鸟声喧，

咕咕，啁啾，卟喂，嘟喂哒喔。

（刘英凯 译）

　　优秀译作完美再现了作者的审美体验，选取"天""年""妍""跹""寒""喧"来表意，并还原诗中的押尾韵特色。最后一行的四个拟声词模拟嘤嘤成韵的鸟叫声，逼真刻画了万物复苏的盎然生机。清晰的节奏，精巧的用词，诗意的表达，无论是在视觉上还是听觉上都完美还原了原诗的声响效果，营造出一派春日的欢悦气氛。

（二）意境美

　　如果说音韵美可以被读者瞬时直观感受，那么意境美则需要在通篇中体会。意境是作品中所描述的情境和氛围所构成的艺术形象，其中糅合了作者的情感表达和想象。一篇成功的作品必定营造了作者所要表达的意境，成功的译作也应将这种意境反映出来。下面以美国作家华盛顿·欧文脍炙人口的作品《威斯敏斯特教堂》的片段为例，说明意境美的重要性。

　　On one of those sober and rather melancholy days in the latter part of autumn, when shadows of morning and evening almost mingle together, and throws a gloom over the decline of the year, I passed several hours in rambling about Westminster Abbey. There was something congenial to the season in the mournful magnificence of the old pile: and, as I passed its threshold, it seemed like stepping back into the regions of antiquity, and losing myself among the shades of former ages.

　　作品充满了浪漫主义奇幻色彩，展现了神秘邈远的欧洲风光。翻译时，译者也需要参透原文意蕴，领会并再现原文的意境。教师可以让学生比较下面两则译文来体会意境美的重要性。

　　译文①：这是晚秋清冷而又有点儿难受的日子，早晨的身影与黄昏的身影，几乎连在一起，仿佛日子即将过去，但天色仍然晦暗。在西敏寺散步了好几个钟头，古代的高大建筑的悲哀与华丽，和这个季节似乎一样。我踏进大门，仿佛又回到了那个远古的地方，在古代的黑暗里失去了我自己。

译文②：此时方晚秋，天气肃穆，略带忧悒，朝曦和暮光，几乎相接。且一年将息，终日阴暗。此时的我，到西敏寺去独步半日。古寺巍巍，森森然似有鬼气，与阴沉沉的天气恰好吻合，踏进门槛，似乎我已置身于远古，相忘于旧时的冥府之中。

通过比较，学生体会到译文①虽然能基本表达原作内容，但用词简单，句式拖沓。开头译作"这是晚秋清冷而又有点儿难受的日子"过于直白单调，不能表达原文的意境。而译文②用四字排比进行景色描写，文风整饬，用词准确，将原文肃穆、神秘清幽的意境完美重现，使读者仿佛置身于这座古老的教堂之中。

三、培养大学生翻译审美意识的策略

很多学生的译作停留在逐词逐句的原文改写上，缺少翻译的基本审美意识。这样不仅破坏了原文的美感，还扭曲了原作者的写作意图。影响翻译主体审美意识的因素有很多，其中有三个因素较为显著：双语表达能力、跨文化意识和基本美学素养。下面将展开阐述如何提高翻译主体的审美意识。

（一）双语表达能力

翻译要求译者不但要表达原文的含义，还要体现原文的风格，展现其精髓、神韵和美感。因此，在翻译教学中，教师除了要强化学生的双语技能和语言实践能力外，还应该注重培养学生的修辞能力，有意识地介绍中英文中常用的平行结构、对照句型、比喻拟人、委婉语、双关语等，提高学生的语言领悟和表达能力。另外，教师还要鼓励学生多阅读和翻译不同类型的文体，包括小说、散文、科普读物、新闻报道等，开拓他们的思路，提高其对不同文体、不同语态的敏感度，从而在翻译时较好地再现原文的韵味。

（二）跨文化意识

不同民族有不同的文化背景，在各自漫长的语言发展史中，赋予了语言不同的文化意识。翻译的过程实则是跨文化交际的过程，如果译者对所译语言背后的文化不太了解，则会造成误译,文化的误译必然以文化信息的失落或歪曲为代价。因此,教师要引领学生了解跨文化知识。在大学英语译教学中,教师要注意培养学生的跨文化意识,以提高他们对文化差异的敏感度和处理能力。如在语言结构方面,汉语注重整体性和统一性,多采用"主题-述题"语言结构,而英语多采用"主语-谓语"句式,主语一旦选定,句子的总体框架就大致确立了。在翻译过程中,教师要引导学生注意文化差异。只有采用不同的句式转换,才能更恰当地再现原文含义,优化译文表达,准确还原原作的美感。

(三) 基本美学素养

翻译是一门艺术。傅雷曾说:"译事虽近舌人,要以艺术修养为根本;无敏感之心灵,无热烈之同情,无适当之鉴赏能力,无相当之社会经验,无充分之常识,势难彻底理解原作,即或理解,亦未必能深切领悟。"译者需具备相当的审美能力,即在接触到美的事物时所引起的感动,是一种赏心悦目和怡情的心理状态,是对美的认识、欣赏与评价。部分大学生的审美能力较差,这源于对他们审美意识培养的不足。因此,在大学英语翻译教学中,教师应有意识地将美学知识与翻译实践相结合,通过赏析、评鉴优秀译作等方式让学生接受美的熏陶,培养其良好的艺术感知力和艺术修养。

翻译教学不只是语言本身的习得。大学英语教师不应把教学重点局限于词汇的互译上,还应将翻译教学嵌入文艺美学的范畴,培养学生的审美意识,丰富学生的审美体验,让其真正理解语言的美,提高翻译能力,产出更高质量的译作。

第六章 大学英语翻译混合式教学

第一节 产出导向法与大学英语翻译混合式教学

国外的混合式教学理论实施较早，相对比较成熟，将线上教学和传统课堂的线下教学相结合，学生可以根据自己的实际情况选择合适的学习方式，开展教师和学生之间、学生和学生之间以及人机互动的"学"和"习"的混合式教学。在研究方面，国外学者多倾向于研究混合式教学与在线学习、远程学习及高等教育之间的联系，对混合式教学的思路与设计的研究相对较少。

文秋芳与国内外学者及一线教师经过数十年的反复研究论证后提出了产出导向法（Production-Oriented Approach，POA），其中包括教学理念、教学假设和以教师为中介的教学流程。下面以大学英语提高课程"中西文化对比与汉英翻译实践"为例，以产出导向法为指导，实施"阅读、口译、笔译"一体化教学，继续发挥线上与线下相结合的混合式教学优势，尝试构建基于产出导向法的大学英语提高课混合式教学模式。

在具体教学实施过程中，师生以产出导向法为行动指导进行合作，分课前输入、课中促成与输出和课后再输出三个阶段实施混合式教学。在评价体系上，教师运用形成性评价和终结性评价相结合的有效评价方式鼓励和激发更多的学生参与到活动中去。

一、教学整体思路

产出导向法提倡教师在整个教学流程中要恰当地发挥中介作用，其教学理念包括

"学习中心说""学用一体说""全人教育说";教学假设涵盖"输出驱动""输入促成"和"选择性学习";教学流程由"驱动""促成"和"评价"三个阶段构成,教学流程是教学理念和教学假设的实现方式。

教师根据产出导向法制定教学流程:教师先在网络平台上发布大量语言材料和学习任务单,然后学生根据自身水平有选择性地学习知识点中的重难点,完成教师布置的任务,最后在班级进行成果展示。教师对学生的自主学习和任务完成情况进行在线评价和课堂评价,小组成员完成自评及互评,教师最终对班级整体学习情况给予反馈。

二、教学流程设计

(一)驱动设计

驱动环节对学生的学习兴趣有直接的影响。产出导向法指出,"驱动"的教学要求是:教师向学生呈现交际场景和讨论话题,促使学生发现自我语言的不足,产生学习欲望,继而教师明确教学目标和产出任务。根据混合式教学的驱动教学设计,教师将每个班的学生分成若干小组(每组6~8人),并选定小组负责人。小组在课后根据学习任务单进行互学互助和学习讨论,并根据实际情况填写教师制定的小组手册,内容包括小组成员学习任务、分工、贡献值等,教师随时提供咨询和辅导。

驱动环节应在课前完成。教师提前一周通过学校的网络教学平台上传相关教学材料以供学生课前进行选择性自主学习,发布符合教学目标并能激发学生学习兴趣的任务单,要求学生在规定时间内完成。教师需结合学习任务单,提供语言生动,图文并茂,有吸引力的输入材料。学生根据自身水平对学习材料进行选择性自主学习,勾画出重难点和需要教师答疑解惑的内容并统一提交给小组负责人,由小组负责人总结归纳后上报给教师。通过这种方式,教师能更清楚学生的学习情况,在网络平台发布的微课、课程课件和其他辅助学习资料能更好地帮助学生进行下一步学习。教师需做好学生课前学习的在线辅导与检查评价工作,根据学生在平台讨论区发布的帖子或班级群中提出的问题指导学生,提供帮助及建议,并对学生在自主学习中遇到的问题进行总结,为课堂教学做好充分准备。

（二）促成设计

"促成设计"环节在课堂完成。教师在这一环节让学生再次了解任务单要求，指导学生根据自主学习中学习材料的输入情况促成产出任务的再次完成。本课程的"促成"环节设计要点如下：

首先，教师针对学生提出的重难点问题进行讲解，与学生交流互动，保证学生已掌握基本知识点。

其次，教师根据课前学习任务单，要求小组在课堂上进行5～8分钟的再次讨论和交流，指导学生深层输出。教师在班级里随时监督小组任务的进行，关注每名学生的参与程度，督促每名学生在小组活动中都有所贡献。教师对小组成员遇到的问题进行细致指导，保证产出的质量。在指定时间结束后，要求小组成员课堂展示其小组研究成果，其他小组的同学不仅是倾听者，也是评价者，要对展示内容和呈现效果在教师制定的小组手册上打分和评论总结。

再次，活动结束后，教师进行有效反馈，归纳展示活动中的优点和缺点，并都加以评价和总结，这有利于活动的再次开展。

（三）评价设计

评价环节是产出导向法教学的最后一个环节，也是关键环节。教师需要客观、公正、公开地对待这一环节，确立由教师为主、学生为辅的复合评价激励机制。

根据混合式教学的特点及产出导向法评价环节，教师制定科学规范的评价和测试体系，为学生制定小组评价手册和学生个人档案。首先，教师通过学校的网络教学平台大数据了解学生课前材料的学习参与度与时长，并结合讨论区发帖数及对重难点的掌握情况综合评价学生在"促成"过程中的输入及产出情况，各小组成员对自主学习和小组活动贡献值进行自评及互评。其次，在课堂的展示活动中，教师和学生都要对展示者及小组整体情况进行相应的评价，并反馈总结，纠正错误，提出改进方向和措施。最后，在学期总成绩评定方面，纳入小组手册和学生个人档案中的数据，将形成性评价和终结性评价有效结合。

第二节 大学英语翻译混合式教学形态

当前，具有专业知识技能且有一定语言翻译能力的人才较少，无法满足时代和市场的需求。在互联网与大数据等技术发展迅猛的时代背景下，大学英语教学可以充分利用这些新技术改进现有教学模式，提高教学效率。本节在分析目前大学英语翻译教学模式所存在的不足的前提下，采取定性和定量的研究方法，尝试结合以翻转课堂为主的混合式教学模式，探索如何构建线上与线下结合的混合式大学英语翻译教学新形态。

随着全球化进程的深入和我国一系列国家战略的实施，我国与其他国家在产品技术和文化领域的交流日益增多，为了准确无误地传递信息，具有专业知识背景的翻译人才就变得尤为重要。然而，目前情况是这类人才储备相对不足，非英语专业学生的语言能力有待提高，可见目前的大学英语教学模式在翻译教学方面仍存在诸多不足。大学英语教师在课堂上的传授更多停留在词汇、语法等基础知识上，翻译教学多是一带而过，从来没有真正融入大学英语的读写教学过程，教学内容停留在完成课后练习和相应测试题上，多数学生对翻译理论、翻译技巧知之甚少。在这种教学模式下，教学质量和效率势必会大打折扣。

一、以翻转课堂为主的混合式教学模式

何克抗指出，混合式学习就是有机结合传统学习模式和网络学习模式，重视对整个学习过程的设计、监控与评价，同时大力提倡学生自主学习。黄文武提到，最佳的学习效果将是传统教学模式与网络化教学模式相互混合后的产物，只有优势互补，才能适应新时期教学模式发展的新趋势。翻转课堂是将大部分传统知识传授的教学活动移至课堂之外，而课堂内主要用于学生主动的学习活动以及讨论交流；同时要求学生完成课前以及课后的学习活动，以促进知识吸收内化，成为课堂内活动的更好的补充。

以翻转课堂为主的混合式教学模式充分重视且运用现代化网络信息技术，在传统教学课堂上充分利用线上学习方式和工具，其中包括慕课、微课、课件、在线试题库、读写辅助工具、语音听力辅助工具、在线评价系统等。在整个教学过程中，教师在课前会按照学生需求及授课内容归纳总结梳理线上及线下素材，并给学生布置预习任务，学生自主观看或阅读以做好课前准备。课中，教师汇总学生提出的问题，就学生自主学习过程中遇到的问题进行研究探讨，并最终处理解决。授课结束后，教师运用在线评价系统和线上交流平台与学生进一步沟通互动，解答疑惑，及时跟踪学生学习进度。这种混合式教学模式，为师生提供了一个时间空间灵活、高效协调互动、信息资源多元化的学习环境，形式上"翻转"了传统的面对面的课堂教学模式，丰富完善了教学理念和内容，优化了教学评价环节并提高了教学效率。

二、混合式教学模式下的大学英语翻译教学设计

（一）课前

教师提前一周向学生发布翻转课堂相关微课视频、课件等素材，素材内容包含概念定义、中西方翻译理论和标准、基本翻译手法和技巧等，同时列出重点词组和核心单词，并向学生设问。值得注意的是，翻译理论和翻译手法等知识相对抽象，学生接受起来不容易，在素材呈现中应适当增加趣味性，如加入一些介绍背景知识的视频素材等。建议3～5名学生形成一个翻译学习小组，学生在自主学习和共同讨论后，完成在线试题库中的课前练习任务，同时教师鼓励学生在现有素材资源的基础上，自行获取与知识点相关的各种线上和线下资料，并在云端平台进行分享，随时随地与教师和同学们进行交流沟通。在这一过程中，学生会对相应的翻译理论和翻译手法有更深刻的理解和认识。

（二）课中

在混合式教学模式中，学生学习的主观能动性被极大调动，整个教学过程都是基于学生的自主探究、协同探索进行的。课前各个小组就课前讨论形成一份报告，在课上展示自己小组对翻译内容的理解及运用的翻译手法，这使得学生对学习内容在宏观上有了整体把握，同时鼓励各小组阐明在预习过程中遇到的疑难，教师重点解析，并对小组学习情况给予及时评价，同时适时地引导学生进行组内和组间评价，加强教师与学生，学

生与学生间的交流互动,拓展学生思考的深度和广度,师生角色翻转也造就了混合式教学模式下的新型师生关系。

(三) 课后

学生在课后要不断巩固学习成果。对于非英语专业学生来说,翻译实践训练是必不可少的,教师在完善在线试题库中相关翻译练习的同时,应当鼓励学生主动展示自己的翻译成果,寻求教师和同学的评价并不断改进。教师在给学生指导意见时,一定要纵向审视学生的整个实践练习,对学生能力的提高要及时给予肯定,帮助学生树立不断进步的信心。

从以上三个环节可以看出,混合式教学模式不仅可以巩固学生的翻译理论基础,扫除词汇和翻译手法掌握上的障碍,而且师生间,同学间会形成良性互动关系,进一步丰富和完善了传统课堂教学模式。在混合式教学模式下,不能把传统教学模式和新型线上教学模式割裂开来,二者应是相辅相成的,线上教学模式是传统教学模式的延续和补充,传统教学模式是线上教学模式的有效检验方式。

三、混合式教学模式下的大学英语翻译教学效果调研

某校实行混合式教学后对108名学生做了问卷调查。问卷内容涵盖课堂学习效果反馈、翻转课堂疑难分析、学生学习经验心得等20个问题,设置了"十分有效""一般""没有差别""完全没必要"四个选项,并依次赋予5、4、3、2分。发放问卷108份,有效收回95份。从统计软件分析得出的调查结果来看,当被问到"是否需要课前了解翻译理论和翻译手法""是否能充分利用线上资源""是否满意教师点评和学生互评""是否提高了对英语翻译学习的兴趣"时,学生打分均值在4.25~4.67。数据显示,学生对混合式教学模式下大学英语翻译教学翻转课堂的开展抱有极高的热情,混合式教学充分体现了学生在学习过程中的主观能动性,提高了学生的学习兴趣,增强了学生的学习信心。

借助互联网大数据技术,探索以翻转课堂为主的混合式教学模式使大学英语翻译教学进入了一个全新时代。教师充分融合线上和线下资源,借传统教学模式的优势,形成了一种课前准备、课中答疑、课后巩固的高效、便捷、富有创新性的移动教学模式,一定程度上改变了僵化的大学英语翻译教学模式。学生学习的主观能动性被极大调动起来,学生能更加自如地进行自主学习,强化独立思考能力,养成良好的学习习惯,提高学习

效率。

第三节 商务英语翻译智慧教学中的混合式教学

商务英语翻译教学可以通过采取混合式教学模式融合线上线下教学内容，转变教师和学生的角色，实现泛在学习，提高学生的翻译水平。商务英语翻译教学利用互联网技术实现系统化、自主化、个性化的教学管理，构建数字化客观评价体系，从而培养高素质的翻译人才，实现智慧教学。

中国与其他国家的交流与合作日益频繁，因此需要大量商务英语翻译人才，商务英语翻译教学面临巨大挑战。互联网技术的发展为中国教育事业带来前所未有的机遇，商务英语翻译教学也要顺应时代发展的潮流，发挥互联网的优势，采用混合式教学，构建智慧教学模式，提高教学质量，培养优秀的翻译人才。依托互联网融合线上线下教学内容，有效利用课堂内外学习时间，转变教师和学生的角色，提高学生的英语翻译水平，培养学生的自主学习能力，这些都是商务英语翻译混合式教学的关键所在。

一、混合式教学的内涵

混合式教学就是要有效地融合传统课堂教学和在线学习，教学过程中既要体现学习者的主体地位，又要发挥教师的主导作用，其特点是在开展传统课堂教学的基础上依托互联网平台和手机应用程序开展教学、管理和评估活动，使师生双方优势互补，提高教学效率。

混合式教学在教学理论、教学方法、教学理念、教学环境、教学资源等方面融合多种模式。教学理论是认知主义、行为主义、建构主义的混合；教学方法是课堂教学、自定步调的自主学习和在线协作学习的混合；教学理念是以教师为主导和以学生为中心的混合；教学环境是学校、家庭等固定场所与互联网泛在学习的结合；教学资源是书本知识与数字化知识的结合。混合式教学既强调时空同步的课堂教学，又离不开自定步调的在线学习，教师建立学习群实现信息共享，组织学生进行个性化、碎片化在线学习，通过互联网、大数据等技术加强教学管理和教学评估。这种立体化、多维度的混合式教学将成为商务英语翻译人才培养过程中的新常态。

二、商务英语翻译智慧教学中混合式教学的构建与实践

传统的商务英语翻译课堂以讲授翻译理论、进行翻译实践、分析翻译作品为主要教学流程，这种教学模式知识结构陈旧、教学环节枯燥、评价模式单一，无法充分发挥学生的主观能动性。智慧教学利用信息技术无缝整合全球优质教育资源，实现信息共享，学生可以随时随地按需学习。在智慧教学过程中，教师要根据学生的英语水平推送翻译材料，组织学生进行探究式学习，学生通过互联网平台获得学习资源，组建学习小组交流翻译心得，教师利用现代信息技术实现智能化、动态化的教学管理与教学评价。

（一）开展智慧教学的条件

随着 5G 技术、Wi-Fi 技术普及应用，运用智能手机进行英语学习已经成为大学生的"常态"。教师可以引导学生利用乘车、午休、课余等零散时间学习商务英语翻译课程。教师引导学生结合自身英语水平合理选择应用程序，并帮助学生制定切实可行的学习方案。基础比较薄弱的学生可选择具有背单词等基础功能的应用程序学习英语词汇；基础比较好的学生可以使用具有口语练习、商务英语对话等功能的应用程序提高口语交际能力；英语水平较高的学生可以下载具有英文报刊、英文小说等内容的应用程序，通过阅读了解时事政治、欣赏名著。师生间通过慕课平台、学习群组等交流与分享学习经验；教师也可以利用教学平台布置学习任务，进行教学管理，完成教学评价，实现指导、学习、评价实时交互。

（二）搭建智慧教学平台

商务英语翻译教学要依托移动互联网工具及技术搭建智慧教学平台，该平台包括教师管理平台、学生管理平台和教学资源平台。教师管理平台主要负责课前布置学习任务、进行师生交流、加强教学管理、完成教学评价等；学生管理平台负责接收学习任务、师生在线问答、小组协作探究、同学互动交流等；教学资源平台负责上传教学材料、微课

视频，推荐手机应用程序，推送慕课资源等。师生通过智慧教学平台开展传统课堂教学和网络在线学习，完成预习、上课、讨论、复习等各个学习环节。智慧教学平台有利于学生获取优质的学习资源，参与课堂学习活动；教师也可以更便捷地完成指导、监督、评估等教学任务。

（三）智慧教学下混合式教学的理念及方法

混合式教学理念是由传统的"以教为中心"转换为"以学为中心"，让学生成为教学的主体，教师则更多地扮演着组织者和指导者的角色。教师融合多种教学方法，采取翻转课堂、任务驱动、协作探究、小组讨论等开展教学，既注重学生个性化自主学习，又强调小组协作学习能力。在智慧教学模式下，师生可以摆脱传统教学模式的时空束缚。教师在适当的时间，采用适当的方法，提供适当的学习材料，激发学生主动思考问题，主动解决问题。这种混合式教学模式可以帮助学生主动获取知识，掌握学习方法，在协作探究过程中培养团队合作精神，为今后的商务英语翻译实践打下坚实的基础。

（四）智慧教学下混合式教学的设计及环境

混合式教学离不开传统的课堂教学，同时要为学生搭建互联网学习平台，两者相互结合，以提高学生的英语翻译水平，使学生可以在课前、课中、课后递进式内化知识。

在实施混合式教学的过程中，课堂教学是必不可少的，教师要通过一系列的教学设计让学生参与翻译教学的全过程。首先，教师利用智慧教学平台将翻译资料以课件、微课的形式推送给学生，让学生在课前预习相关内容并进行小组讨论；其次，教师在课堂教学过程中讲解翻译重点和难点，组织学生以小组为单位展示翻译作品，学生进行小组展示后教师要组织学生进行讨论并及时给出具有建设性的意见，利用课件强化重点、难点知识；最后，教师通过互联网平台布置复习内容和翻译作业，学生必须在规定时间内提交翻译作业，确保时效性和便捷性，教师也可以利用自动评分系统或者人工评阅将作业情况反馈给学生。教师要设计好教学环节，除了授课之外，还要组织学生开展讨论、辩论、演示、角色扮演等活动，对学生在学习过程中遇到的问题要及时解答，课后对教学效果、学习情况进行评价和反馈，确保顺利、高效地完成课堂教学活动；学生要自主规划学习内容、提高学习能力、保证学习成效。教师和学生的角色也可以互换，双方都要对课程提出合理化建议，并在实施过程中不断调整。

商务英语翻译教学也可通过在线学习实现个性化教学，各班级创建学习小组，每组3~5名学生，小组成员分工明确。首先，教师通过智慧教学平台布置学习任务、上传翻译资料、了解学生学习情况，实现资源共享；其次，教师根据学生的翻译水平和学习兴趣提供在线课程、翻译软件、试题库、英语学习应用程序等资源，学生根据自己的英语水平和喜好下载。教师通过网络平台和手机终端来管理学生的学习进度、解答相关问题、组织小组讨论、检测学习成果。通过建设互联网课堂教学环境，教师可以在教学实践中改变传统教学模式，运用新的教学理念，优化教学手段，发挥学生的主动性和创造性。

（五）3S教学管理体系

3S（systematically，spontaneously，specifically）教学管理体系强调师生双方的作用，实现系统化、自主化、个性化的管理。

系统化（systematically）是指教师利用互联网平台提供的数据监督学生的学习情况，实现线上线下相结合的监督与管理。教师提醒学生按时完成学习任务，坚持每周检查学习情况，通过交流平台了解学生在学习过程中遇到的问题并及时组织学生进行在线讨论，鼓励学生主动思考、集思广益。同时教师需要及时汇总学生遇到的重点、难点问题，并在课堂上进行集中讲解。这种线上线下相结合的管理模式可以增强师生互动的即时性，提高学生学习效率，教师也可以根据学生及大数据反馈的信息改进教学。

自主化（spontaneously）是要发挥学生的主体作用，通过互联网的数据反馈功能促进学生提高自我管理能力，端正学习态度，养成良好的学习习惯，同时要建立学习小组，小组成员之间发挥相互督促、相互鼓励的作用。

个性化（specifically）是指针对不同需求、不同水平的学生采用不同的管理模式，教学过程中要注重学生的个体差异，通过大数据掌握每个学生的学习轨迹，对于需要帮助的学生，提供有针对性的、个性化的指导。

（六）动态化评价模式

基于互联网技术的混合式教学在教学活动过程中将产生大量的数据，教师要及时分析相关数据以便同时从宏观和微观的角度掌握学生的学习情况，利用大数据可以了解学生的学习成绩与学习时长，通过梳理这些数据，教师可以掌握学生的学习效果、学习习惯，从而对学生做出客观、全面的评价。教师摆脱经验主义的束缚，依据大数据分析总结教学规律、反思教学效果、充实教学内容、改进教学方法。

智慧教学是商务英语翻译教学改革的发展方向，教学过程中要通过互联网技术实现系统化、自主化、个性化的教学管理，利用教学平台提供的大数据对学生的学习轨迹进行分析，教师为学生提供即时的、有针对性的、个性化的指导。除了传统的课堂教学外，学生要充分利用碎片化时间在线学习，提高翻译水平，通过小组合作实现探究式学习。这种线下与线上相结合的教学模式能够提高学生的自主学习能力、团队合作能力和创新能力。信息技术和移动互联网技术为商务英语翻译教学提供了技术支持，改善了教学环境和条件，但是教学过程中教师要在适当的时间，利用适当的技术对适当的学生传递适当的学习内容，以便取得最佳的学习效果，真正实现智慧教学。

第七章 认知语言学与大学英语翻译教学

外语教学一直是高校教育的重要组成部分，而翻译教学又是外语教学的重要一环，承担着促进国际交流的重要职责。尤其是在当今，作为信息交流工具的外语越来越显示出其独特的价值和重要的地位。翻译教学在新的历史时期被赋予了特殊的历史使命，受到教育部门和学术界的普遍关注。现今的教育改革要求翻译教学在既有的体系框架内实现新的突破，以便更好地适应当今历史条件下的新环境和新任务。

作为外语教学理论基础和外语教学法基本原理的语言学迅猛发展，呈现出日新月异的发展态势。诞生于20世纪70年代的认知语言学是语言学中的一种新范式，它包含许多不同的理论、方法及研究课题，这些理论、方法和课题都强调从人类的基本认知能力出发，通过人类与外在现实相互作用过程中形成的概念结构来分析和解释语言结构。认知语言学借鉴了心理学、认知科学、哲学、人类学、心理语言学等学科的研究方法，具有跨学科特点，并形成了一系列研究议题，特别是概念结构、范畴和范畴化、原型理论、意象图式及隐喻等成为近年来研究的热点。认知语言学具有不同于形式语言学的哲学基础，后者基于客观主义认知观，认为语言符号与外部存在的客观事物直接对应，语言符号的意义与人的生理构造、身体经验以及主观认知能力毫不相干，并在语言描写中排斥语言外因素；前者基于经验主义现实论或体验哲学，认为人类的概念系统是人类身体经验的产物，人类经验之外的客观现实与语言符号之间没有直接的联系，语言意义的形成和解释需要通过人与外部世界的互动才能实现。由于与形式语言学存在哲学基础的根本差异，认知语言学采取了与其完全不同的语言描写和解释方法，它将历史、文化、社会、民族等一系列与人类有关的世界百科知识均纳入研究范围，并认为这些因素在一定程度上影响了语言意义的形成。

应用语言学（这里是狭义的理解，指外语教学）是一门应用型的交叉科学，它的基本特点是在学科间起中介作用，即把各种与外语专业教学有关的学科应用到外语教学中去。在这些相关学科中，认知语言学研究了语言与人的认知能力之间的关系，提出语言能力是人的认知能力的一部分，语言的习得不可能脱离人的其他认知能力而独立完成，因此对语言的习得和理解必须结合人类一般的认知规律以及人类日常的经验和知识，这种语言观使人们从一种新的角度看待语言现象、解释语言现象并在相当程度上影响了外语教学的思路和理念。

刘正光提出了认知语言学指导外语教学的基本原则，从中可以窥见认知语言学应用于外语教学的现实意义。

  第一个原则是"知其所以然"。认知语言学的研究目的就是为了解释语言现象,采取的以语义为中心的研究宗旨强调了语言的理据性,其研究模式就是通过结合人类经验,力图寻找语言现象背后的制约机制。莱考夫指出,有理据的东西学起来比没有理据的要容易一些,同时,记忆与使用有理据的知识也比没有理据的要容易一些。威多森也指出,明确地理解语言的工作方式,将经验服从于分析需要,适合学习者的认识风格。

  第二个原则是"语言、文化和思维"三位一体的教学模式。认知语言学坚持百科知识观,即认为语言不可能脱离文化、思维独立存在。在翻译教学的初级阶段运用范畴化理论和原型理论,能够帮助学生了解语言运作的方式,认识语言范畴化的手段。由于这种认知世界的能力是各个民族所共有的,所以学生在对目的语进行范畴化的同时必定会与本民族语言的范畴化特点进行对比,这样他们就会从不同的角度审视目的语和母语,并从更深的层面理解这两种语言的文化差异。在大学高年级阶段运用概念隐喻理论,能够培养学生的隐喻意识。隐喻作为一种各民族人民普遍具有的认知能力,包含了大量的文化信息。透过目的语的隐喻可以发现目的语民族人民的思维方式,这种思维方式可能与本民族一致,也有可能不同,外语学习者理解隐喻的过程也是逐渐扩展观察问题和思考问题的视角、促使思维逐渐理性化的过程。

  第三个原则是"整体性教学"。从语言本体的角度,认知语言学从未将形式和意义割裂开来,即使在以语言形式为研究对象的认知语法中,也要将语义问题摆在首位。以认知语言学为指导的外语教学强调语义原则,授课的线索是依照语言单位的意义(即范畴)安排的,相同范畴内容同时呈现的做法显现出一定的优势。尼迈尔提到,新词在同一范畴内一起呈现比孤立地呈现要易记、易学得多,因为这样可以使学习者建立新的神经联系并更有效地组织知识。从语言与语言外知识关系的角度来看,认知语言学强调知识的整体性,而且随着认知科学的发展,许多科学研究领域逐渐开始抛弃知识可以分区的看法,接受普遍联系的观点。受这种思想的影响,翻译教学开始从宏观着手,在阅读原文、教授语言知识、培养语言技能的同时,讲授相关的社会、文化、语境知识,从而培养学生对语言使用事件的识解。

第一节 认知语言学及其对翻译教学的作用

一、认知语言学的基本概念

（一）学科创立

由于语言作为一种符号系统和交际手段已经分别在结构主义语言学和语用学的框架内得到或开始得到全面的研究，而语言同时还是心智的产物，有很多语言学家已经意识到在语言和客观世界之间存在一个中间层次，即"认知"。人们通过心智活动将经验得到的外在现实概念化并将其编码，形成语言。一方面，通过研究认知活动，特别是利用心理学家的研究成果，语言学家可以从人类的基本认知能力出发，通过人类在与外界现实相互作用过程中形成的概念结构来分析、解释语言结构。另一方面，语言也为人们提供了通向认知的窗口，通过语言，人们可以看到自身的认知特点，探索认知能力的一般规律，从更深一层把握语言。鉴于这种将认知活动与语言相结合研究的优点，已有众多语言学家把目光投向了认知语言学体系的建立。应该说，认知语言学还处于初创阶段，缺乏整齐划一的分析模式，也尚无公认的学术中心，更没有学派中的领袖人物，甚至连它的名称都还不是很固定。也就是说，认知语言学只是由一些具有共同的基本学术观点和倾向的语言学家组成的一个较松散的语言学阵营。但也正因为如此，它在探索范围和研究手段方面束缚较少，具有更强的开放性。

认知语言学的诞生有两个重要标志：一是莱考夫出版了专著《女人、火与危险事物：范畴显示的心智》（*Women, Fire and Dangerous Things: What Categories Reveal about the Mind*），接着兰盖克又出版了专著《认知语法基础》（*Foundations of Cognitive Grammar*），两部专著的问世为认知语言学的建立解决了一些基本的理论问题，为其今后的学科发展奠定了基础。二是德国杜伊斯堡举行的认知语言学专题讨论会，会后出版了《认知语言学》（Cognitive Linguistics），成立了国际认知语言学会。该学派主要代表人物有莱考夫、兰盖克和泰勒等，认知语言学派学者尽管研究兴趣各有不同，各自的研究自成体系，但对语言和语言研究本质的认识是一致的，可归纳为以下几点：

1. 语言外研究

作为人类认知的一个域，语言与其他认知域密切相关，体现了心理、文化、社会、生态等各因素的交互作用，若想揭示这种交互作用，就必须展开跨学科研究。

2. 语言内研究

对语言的理解和阐释（体现为词义）必须参照人们的常识，并且不把语言现象区分为音位、形态、词汇、句法和语用等不同的层次，而是寻求对语言现象统一的解释。

3. 对语言的理解

对语言进行统一解释的直接途径就是把语言看作人类认知过程——范畴化、概念化的结果。范畴化以广义的原型理论为基础，存在于语言的方方面面，范畴化过程主要依靠隐喻投射和转喻投射；概念形成根植于普遍的躯体经验，特别是空间经验，这一经验制约了人对心理世界的隐喻性构建。

（二）认知语言学的哲学基础及其与结构主义、转换生成主义的分野

1. 认知语言学的哲学基础

语言学与其他人文学科有着密不可分的联系。哲学、逻辑学以及心理学等学科的发展既形成了语言研究的背景，又必然对语言研究产生相关影响。一定时期的语言学总有自己占统治地位的基本观点，也总是受当时占统治地位的哲学思潮的影响。哲学观点被用来解释语言最普遍的规律，而语言反过来又对解释某些哲学问题起作用。莱考夫称语言研究的老派为"客观主义"，新派为"经验主义"。

为了区别哲学史上早期的经验主义和这里的经验主义，有学者建议将后者换成兰盖克的术语，并译为"体验哲学"，其主要观点是：

（1）思维不能脱离形体。人类认知结构来自人体的经验，并以感知、动觉、物质和社会经验为基础，对直接概念和基本范畴以及意象图式进行组织和建构；

（2）思维具有想象性。间接的概念（不是直接来源于经验的概念）是运用隐喻、

转喻思维方式的结果,并以此超越对外部世界的直接映像或表征。正是这种想象力才产生了"抽象"的概念;

(3) 语言符号不是对应于客观的外部世界,而是与认知参与下形成的概念结构相一致,意义和推理也是基于以上概念与认知模式;

(4) 概念结构和认知模式具有完形特性。学习和记忆的认知过程依靠完形结构,而不是抽象符号的机械运算。

2. 认知语言学与结构主义的分野

认知语言学与结构主义的分野风行于20世纪上半叶,结构主义语言学的最大贡献就在于对语言系统本身进行了详细的描写,其最终目标就在于对语言结构本身的发现上,利用分布分析法对句子进行层次切分并对语义进行成分分析,视语义为义素的组合。语义范畴以经典的范畴观念为基础:范畴有明确的界限,范畴是由充分特征和必要特征的合取来定义。凡是符合这些特征的个体就在这个范畴内,反之则在范畴外。义素分析即将意义单位分解为抽象的特征元素,并用这类特征的集束来定义基本语义单位。概念的类来源于客观世界里既定的范畴,与进行范畴化的主体无关,而范畴的归属是由概念的本质性决定的。这种看法是把语言的语义结构直接对应于客观世界的现实结构,人在形成语言的过程中不起主导作用,人的心理、文化、认知习惯等因素在语言形成中不起作用,人在形成语言的过程中就像一块"白板",语言只是人们对外在客观世界的被动反映。

3. 认知语言学与转换生成主义的分野

转换生成主义对语言的解释采用的是形式主义的方法,而认知语言学则是功能主义的方法,即前者把重点放在对语言的形式结构的刻画上,而后者在取材上注重自然、实际的语料,重视语义、语用、话语的分析,并将形式上的规律诉诸非形式化的合乎直觉的外在解释。

解释方式的不同,究其根本是对语言的看法不同,前者把语言看作是天赋的,而天赋论的哲学基础是笛卡儿的唯理论。关于语言的本质,生成语言学奠基人乔姆斯基认为是"说本族语的人理解和构成语言的先天能力",即把语言能力和语言运用对立,而将语言研究的对象确定为前者。而这种能力是人一生下来就具备的,这种存在于每个人的大脑中的句子生成机制就是人类都具有的普遍语法,而且这种语法是自足的,即语义和交际功能对句法规则进行干预的可能性从一开始就被排除。与生成学派不同,认知语言学认为语言并非天赋,而是后天建构而成的。这就是瑞士心理学家皮亚杰提出的"建构论",其在哲学上既反对狭隘的经验主义,也反对天赋理论,主张主客体的相互作用。皮亚杰认为认知结构最初来源于动作,他强调知识来源于活动,由于作用于新客体的活动反复多次，通过一般化而形成某种"图"，因而"图式"是一种实践的概念。智能的发展就是建构图式从初级发展为更高级、更复杂的图式的过程，如动作图式—意象性思维图式—抽象性思维图式—逻辑数学图式。皮亚杰认为在产生语言之前人就有智能，这时的智能是一个复杂的动作图式体系，尔后发展起来的知觉能力、形成概念的能力和使用符号的能力都在此基础上产生，即语言产生晚于智能，只不过语言的出现能加速智能的发展。所以说语言虽是思维、认知的重要工具，但不是唯一工具。在他看来，语言是逻辑的结果，而不是逻辑的源泉和操作，逻辑较之语言更为根本。逻辑—数理结构起因于主体动作间的协调配合，而非来源于语言结构。总之，建构论强调逻辑—数理结构既不来源于客体，也不来源于主体，而是通过主客体相互作用最终合成的。

可以看出，其实不管是结构主义语言学的"极端经验论"，还是转换生成语言学的"笛卡儿唯理论"（两者坚持的是两个极端，前者强调一切心智来源于物理世界和大脑的生理过程，所有有意义的表述必须直接或间接地源于可观察到的事物及其属性，词语有明确的、能客观反映世界的意义，即语言来源于客观世界。后者则坚持心智与身体截然分离的二元论，智能的本质是思想，能够脱离身体而存在。语言作为抽象符号可以独立于任何机体的特性直接与世界上的事物对应，语言符号之所以获得意义是通过与外部世界发生联系，符号与意义严格分离，符号用于思维过程中的逻辑运算，意义用于外界事物的对应，即语言是一种抽象符号），本质上都认为意义、概念直接对应客观世界，无须个体的经验，不受个体特征的限制；知识主要是命题性的，有客观的对错之分，坚持语义的真值条件尺度，范畴化建立在外部世界所固有的特性之上，这些特性构成了某范畴成员的充分必要条件，也即两者有着共同的客观主义语义观，这也正是莱考夫将两者都称作"客观主义"的原因。而认知语言学则坚持了完全不同的哲学基础——经验主义，经验主义强调通过对进行认知活动的生物体的身体构造和经验的研究来理解意义，强调思维与身体密不可分：它根植于人们对外界的感知，受制于人们的物理构造和社会环境。同时，思维具有想象性，依赖隐喻、换喻和意象。

（三）认知语言学的基本理论观点

由于认知语言学学派众多，且各派研究方法、侧重点都很不相同，现就一些最主要的观点加以总结。

1.范畴化/概念化

范畴化问题是认知研究的中心论题，因为人们认知世界的过程其实就是将其范畴化/概念化的过程。如果语言学所做的可用一句话来概括，那它就是对范畴的研究。应该指出，认知语言学的"范畴化"其实就对应于思维过程的概念化，与数学等严格意义上的范畴化并不相同，后者内部同质、离散，边界清晰，成员由充分必要的条件界定。在认知语言学家看来，自然语言中语义形成的过程就等同于概念化的过程，概念化过程又是基于身体经验的过程，即认知过程。概念是概念化的结果，因此语义实际上也就等于概念，同时也是一个语义范畴。

2.原型观

范畴划分就本质而言是一个概念形成的过程，范畴是通过范畴成员之间的"家族相似性"建立起来的。在范畴化中起关键作用的是"原型"，实体的范畴化是建立在好的、清楚的样本基础之上的，然后将其他实例与这样的样本进行对比，若它们在某些属性上具有相似性，就可归入同一范畴。这些好的、清楚的样本就是原型，它是非典型实例范畴化的参照点，这种与典型样本类比而得出的范畴就是原型范畴。

3.意象图式观

意象图式是初始的认知结构、形成概念范畴的基本途径、组织思维的重要形式、获得意义的主要方式。意象图式的扩展是通过隐喻来实现的，而且当一个概念被影射到另一个概念时，意象图式在其间也发挥着关键的作用。人们通过在现实世界中的身体经验（如感知环境、移动身体、发出动力、感受力量等）形成基本的意象图式，然后用这些基本意象图式来组织较为抽象的思维，从而逐步形成语义结构。因此，意象图式对于研究人类的语义结构、概念系统、认知模型具有关键作用。人类在理解和推理过程中，各种各样的意象图式交织起来构成了经验网络，从而也就形成了语义网络。既然意象图式规定并制约了人类的理解和推理，那么语言中意义的形成就可以从意象图式的角度加以描述和解析。近年来，认知语言学家的大量实证研究说明，利用意象图式及其隐喻的观念可以对语言中错综复杂的语义现象（尤其是多义现象）做出简单而同一的解释。

4.隐喻观

隐喻可通过人类的认知和推理将一个概念域系统地、对应地映射到另一个概念域，抽象性的语义主要是以空间概念为基础跨域隐喻而成的。隐喻不仅是个语言现象，人类的思维就是建构在隐喻之上的。从隐喻的认知功能角度划分，可分为结构隐喻、方位隐喻和本体隐喻。一些隐喻语言已成为普遍的日常语言，一般情况下，人们已意识不到它们的隐喻性质。这说明人们已不自觉地用自己熟知的具体事物来思考、谈论抽象的事物，从而赋予其具体事物的特征，以达到系统地描述表面上杂乱无章的抽象世界的目的。由此可见，隐喻式的思维方式和其他感知一样已成为人们赖以生存和认知世界的基本方式。

5.百科观

认知语言学家反对用真值条件来解释语义,也反对用成分分析法来认识语义,而是主张语义与人类的知识密切相关,应该运用百科式语义分析方法。语义根植于语言使用者和接受者的百科知识体系之中,不能在语言系统内部的横组合和纵聚合关系中求得解释,而只有在其他认知结构中才能被理解,这就要依赖人类的知识系统。因此,语义就与人们的主观认识、背景知识、社会文化等因素密切相关。例如,说到花轿,人们除了想到是一种古代的交通工具之外,还更多地会想到封建社会、新娘子,甚至封建夫权等。这些都是人们基于自己的经验而获得的对事物的印象,是有关该事物的百科性的知识,它们形成了该事物的意义。

二、认知语言学对翻译教学的指导

(一)认知语言学指导翻译教学的可行性

威尔金斯曾提出,语言学对外语教学有四种作用关系,这四种作用关系是:提供见解、提供启示、应用与无法应用。

1.提供见解

语言学可为人们提供有关语言的本质是什么和语言学习是怎样一个过程的知识。这些见解不一定构成教学内容,但有助于确立教学目标,如应当采用的教学方法和技巧以及如何安排教学内容的先后顺序等。也就是说,它对语言教学产生间接的作用。

2.提供启示

在实际教学过程中,教师可以在语言学理论的启示下做许多决定,按照语言学习的规律与特点确定具体传授什么内容。

3.应用

语言学的一些相关概念和理论知识可以直接应用到教学活动当中。

4.无法应用

指的是语言学中不能为教学提供启示和重要见解的那一部分内容。

语言学对外语教学的作用关系，为人们提供了衡量某种语言学能否应用于翻译教学，以及能够在何种程度上应用于翻译教学的标准。认知语言学在以下三个层面均对翻译教学产生作用：

1.提供见解

认知语言学理论包含了对语言本质的认识，能在宏观层面指导翻译教学和外语学习。认知语言学强调语义的体验，强调人类习得语言的过程与人类认知世界的过程没有实质上的差别；人对世界概念化的过程也是逐渐形成语言概念的过程；语言知识与百科知识是不能分开的；所有对语言形式的分析不可能离开对意义和概念的分析，任何认知规律的获取应当是以大量语言事实为基础的。反映到翻译教学当中，认知语言学指导下的翻译教学同样应当是以学生为中心的，应当是侧重语义理解的，与此同时，认知语言学指导下的翻译教学过程应当是遵循人类普遍认知规律的。

2.提供启示

师生关系一直是教学的核心问题之一。20世纪后期，人们放弃了寻找一种"最好的""最有效的"教学方法的努力，转向对教的过程和学习的过程的研究，把注意力放到学习者身上，从重"教"转向重"学"。韦弗和科恩指出，语言教学的重点有明确的转变，转向学习者的个人需求，语言教师开始通过努力完成他们不同的语言学的、交际的、文化的目的来适应课堂上的个体学习者，同时调整他们的教学以满足学习者的不同语言学习需求。这就与起初认为"教师是主导，学生只能服从"的教学观形成鲜明对比。教学活动同时也是学习活动，学生是这一活动的主体，了解他们的认知特点、认知模式对翻译教学大有裨益。认知语言学指导下的翻译教学是以学生为中心的，并且侧重关注学生在学习翻译时的认知模式，并检验认知语言学的既有理论模式是否对外语习得具有实际的正面效应。在这个意义上，认知语言学对翻译教学具有启示意义。

3.直接应用

认知语言学中的一些分析方法和理论模式可以应用到翻译教学当中，为教学程序提供合理建议。例如，认知语言学中的基本层次范畴理论表明，最先被儿童习得的、词形较简单的、构词能力较强的词一般都是基本层次范畴词，这类词一般在日常对话中使用频率较高，因而在外语学习和教学中应受到高度重视，应在编写教材、编纂词典和教学实施过程中置于优先地位。

事实证明,认知语言学对于语言有了一些新认识,同时在语言习得研究方面的影响也是如此。在发掘看似纷繁复杂的语言结构的系统性及其背后的动因等方面也正在给翻译教学注入新的活力。

(二)认知语言学指导翻译教学的基本原则

将认知语言学研究成果应用于翻译教学实践,需要从不同视角进行观察、分析、总结并进行原则性阐述。彭建武提出的在外语教学中引入认知语言学理论所必须遵循的三个基本原则(相关性、层次性和适存性)对现实中的翻译教学提供了实际操作层面的指导,确立了理论应用于实践的标准。

1.相关性

应当深入了解教学上要解决的问题和达到的目标,充分了解认知语言学中哪些理论与教学研究关系密切,哪些关系不大或没有关系,哪些研究性质一致,哪些研究能深化对教学法的认识。应该说,相关性越大,移植越有效、越实用、越科学。任何理论都不是万能的,认知语言学理论也是这样。任何理论都有其适用范围,不恰当地搬用只能是牵强附会,不可能深入教学实践的本质,也不可能触碰到真正的教学规律,也就不可能在实际意义上对翻译教学实践有所帮助。比如,隐喻理论是关于意义理解的理论,其适用范围应当是解释教学过程中与语义相关的内容,用其指导学生的发音和语调显然是不切实际的。

2.层次性

翻译教学是一个系统工程,涉及诸多方面,这决定了教学研究的多层次性。这种多层次性要求在把认知语言学移植到翻译教学的过程中要有针对性,即对准教学研究的某个层次,而不是所有的层次。具体来说,教学当中通常包括语音、词汇和语法,或者说包括语法、语义和语用。理论的多层次应用并不被排斥,有些理论,如概念化的原型理论,其适用面要广一些,可以指导词汇层面的教学,对语法层面的教学也有一定的启示作用,但试图用所有的认知语言学理论阐释所有层次的教学实践显然是徒劳的。

3.适存性

被移植的理论应适应教学要求,经得起检验和推敲,保证教学理论和实践方法健康稳定地发展。适存性是一个极为重要和关键的原则，它要求既要消除那些与实际教学不相适应的概念和内容，还要使能够移植的语言学理论得到更进一步的探讨，使其发展成适应教学需要的理论模式。对同一教学问题可移植不同的理论，但要使它们相互融合和统一。

这三个原则的提出，对于在翻译教学中恰当地运用认知语言学理论具有非同一般的指导意义。对于每一个试图引入翻译教学的理论模式，都应当对照以上三个原则，只有符合这些原则才应被认为是有效的、可行的，才有可能切实指导教学实践。

（三）认知语言学指导翻译教学的基本思路

温格瑞尔、施密特指出，人们普遍认为翻译教学应当以学习目标（最好是交际能力和跨文化能力的目标）、学习策略和教学方法（存在明显的行为取向和以学习者为中心的方法的倾向）为中心，但这种观念忽略了学习者的认知能力。如果得到合适的认知途径的支持，利用认知语言学的工具来研究和描写学习策略，那么学习策略就有望更成功。

由此看出，就授课目的和师生关系而言，认知语言学指导下的翻译教学与以往的认知教学法和交际教学法并无根本的差异。利用认知语言学指导翻译教学，关键在于通过合适的途径，运用合适的理论，解决相应的问题。

下面将分别就范畴理论和隐喻理论详细探讨认知语言学在翻译教学中的应用。这些理论的选择十分符合指导翻译教学的原则，阐述的重点是以上理论的应用途径。当然，认知语言学的其他理论同样可以指导翻译教学，因篇幅所限，下面将主要讨论范畴理论和隐喻理论的应用情况。

第二节 范畴理论及其在大学英语翻译教学中的应用

一、范畴理论

（一）范畴和范畴化

最早对范畴进行系统研究的是古希腊的亚里士多德。他认为，一个判断当中要有主词和谓词，主词所属的范畴是"实体"，谓词所属的范畴包括"数量""性质""关系""位置""时间""姿势""状态""活动"和"受动"。亚里士多德将范畴视为人类认识世界的逻辑工具。他虽然没有直接给范畴下过定义，但在其著作中反复阐释了对于范畴及范畴本质的认识。他指出，客观事物的表现形式是多种多样的，人们为了认识它们、把握它们，首先必须将各种事物分门别类，这样才能对不同的事物进行表征和研究。分门别类的过程需要反映事物本质的普遍概念，即范畴。

认知语言学对范畴概念给予了特别的关注。世界是由千差万别的事物组成的，等待人们去区分和认识。客观世界的事物又是杂乱的，人的大脑为了充分认识客观世界，就必须采取最有效的方式对其进行储存和记忆。人们对事物的认识不是杂乱的，而是从千差万别的客观事物的特性出发，形成感性认识，然后才能进一步分析、判断，从而对世界万物进行分类和定位，形成抽象认识。这种主客观相互作用对事物进行分类的心理过程通常被称为范畴化，其结果即认知范畴。在认知语言学看来，范畴和范畴化问题始终是认知研究的中心议题。

范畴是由那些在人们看来多少是互相联系，并因此被人们归成一类的事物或事件组成。范畴是反映事物本身属性和普遍联系的基本概念，是人类理性思维的逻辑形式。范畴化是人类高级认知活动中最基本的一种，在此基础上人类才具有了形成概念的能力，才有了语言符号的意义。离开了对范畴化的认识，语言将失去意义。范畴化的过程包括识别或区分、概括、抽象三个形式。在识别或区分过程中，人们对属于不同类别的刺激进行区分；在概括过程中，人们将具有共同属性的事物归为一类；在抽象的过程中，人们将某个范畴中的物体所具有的共同属性提取出来。莱考夫指出，没有范畴化能力，人们根本不可能在外界或社会生活以及精神生活中发挥作用。它不仅是人类通过对客观世界进行分类所获得的各种范畴标记的意义，也是人类认知和思考的根本方式，构建知识的途径之一就是建立范畴。就概念和范畴的关系而言，概念系统是根据范畴组织起来的，范畴指事物在认知中的归类，概念指在范畴基础上形成的意义范围，是推理的基础。因此，范畴化是范畴和概念形成的基础，范畴和概念是范畴化的结果。

（二）经典范畴理论、家族相似性范畴理论和原型范畴理论

对范畴的认识大致经历了经典范畴理论、家族相似性范畴理论和原型范畴理论三个历史阶段。认知语言学秉持原型范畴理论，它与传统的经典范畴理论有着根本的不同。认知语言学对范畴化的认识体现为强调范畴化过程的主观参与性，即范畴化过程不可能是完全客观的，而是主客观相互作用对事物进行分类的过程。而范畴化的经典理论认为人的因素在意义形成过程中不起作用。在从经典范畴理论向认知语言学原型范畴理论转变的道路上，家族相似性范畴理论做出了突出的贡献。

1.经典范畴理论

范畴化的经典理论特指与认知语言学范畴化的原型理论截然不同的传统范畴化观点，说它传统，是因为这一理论统治西方主流思想达两千年之久。其哲学本源是亚里士多德对本质属性和非本质属性的形而上学的区分，后来的笛卡儿主义和康德主义又强化了其二元对立的思想，两极中的理性受到推崇，而与理性相对立的人的主观因素被忽视和排斥。其内容为认为概念的类来源于客观世界里既定的范畴，与进行范畴化的主体无关；而范畴的归属是由概念的本质属性决定的。经典范畴理论包含以下基本假设：

第一，范畴是由一组必要条件和充分条件联合定义的，判定一个认识对象是否属于某个范畴，就看它是否具备该范畴的必要和充分条件。

第二，界定范畴的标准是二分的，某一事物或者属于某个范畴，或者不属于某个范畴，不存在第三种可能性。

第三，范畴具有明确的边界，范畴一旦建立后，就将万物分为两类：范畴成员和非范畴成员。没有模棱两可的情况，没有"以某种方式"或者"在某种程度上"属于某一范畴的成员。

第四，同一范畴内的所有成员地位均等。任何具备了范畴定义的所有属性的事物都

是该范畴的成员，不具备所有定义属性的任何事物都不是范畴成员。范畴内的成员没有隶属程度的差别。

  这种范畴观作为基本理论假设被现代科学普遍接受，并且很好地说明了自然科学体系中的一些经典概念。在语言学界，结构主义语言学借鉴了这种经典范畴观来讨论词义，由此建立了语义特征理论。这一理论认为一个词语的意义可以分析为一组区别性语义特征，这些特征是这一词语所指称的一个范畴内部的每一个成员都必须遵守的语义特征，正是这些特征使这个范畴的指称对象和世界上的其他对象区别开来。这种语义特征分析的应用使语义学的研究前进了一大步，从此词义不再被看作是混沌一团的整体，而被视为可以分解的语义特征集合。在传统的词典释义中，概念结构是建立在这种"充分必要条件"上的。经典理论曾普遍存在于哲学、心理学、语言学和人类学等领域并对上述学科的研究做出了一定的贡献。由于它的应用，客观事物被视为可以分解的集合，经典范畴理论使人类借助范畴这一逻辑工具对杂乱无章的客观世界有了一定的认识。亚里士多德所创的经典范畴理论在人类认识领域的主导地位一直持续到维特根斯坦时期。

  2. 家族相似性范畴理论

  随着人类科学水平和认知水平的提高，人们渐渐发现，亚里士多德的范畴模式具有其自身的局限性。经典理论受到了来自实用主义哲学和认知科学的有力挑战，因为高度理性化、抽象化的二元划分会给人们带来绝对化的认识方法，使人们习惯于用两极化的思维模式去认识事物，故而不能全面地、正确地反映客观现实。

  英国哲学家维特根斯坦对亚里士多德的经典学说提出了批判。在维特根斯坦的《哲学研究》（*Philosophische Untersuchungen*）发表之前，范畴一直被认为是明白无误和没有问题的，被视为抽象的包容物，事物要么在范畴之内，要么在范畴之外，事物只有具有某些共同的属性才能处于相同的范畴，事物所具有的共同属性被视为范畴的决定因素。后来，以维特根斯坦为首的实用主义哲学家发现高度理想化、抽象化的认识方法不能反映客观现实的复杂性，现实世界中某些范畴之间的界限并不清楚，范畴成员的归属不能仅靠一组区别性特征简单判断，因而提出了著名的"家族相似性理论"。罗斯和梅尔维斯将该理论表述为："每个项目与一个或多个其他项目有至少一个，也可能是几个共有成分，但是没有或者很少几个成分是为全部项目所共有的。"维特根斯坦以范畴 GAME（游戏／比赛）阐明自己的观点：下棋、打牌、球赛、奥林匹克比赛、象棋、圈叉棋等都称为 GAME，其中有的活动是为了输赢，有的是为了娱乐；有的依靠运气，有的是技巧和运气兼而有之，但这些特征中没有一条是共有的，且上述游戏并非靠这组特征被归为一类，范畴内存在的是互相重叠交错的家族相似性特征。也就是说，范畴建立的基础是部分成员的相似性特征，而非所有成员的共同特征。范畴中的每一个成员与另一个成员之间总是有相似之处，但两个成员之间的相似之处不一定为第三个成员所享有；范畴中各成员之间具有一种互相重叠、交叉的相似关系网；随着列出并被比较的成员的增多，各成员之间共同拥有的相似之处愈来愈少，直至最后找不到这个范畴内所有成员所共同拥有的一个相似之处。正是这种相似关系而不是共同特征（类似于人类社会的家族成员之间的那种相似关系）维持了该范畴的存在。维特根斯坦实际上揭示了日常语词的语义范畴的下列属性：（1）一个语义范畴内的成员不是由一组共同的语义特征决定的，而是由家族相似性所决定的，即语义范畴内的成员之间总是享有某些共同语义特征；（2）语义范畴的边界是开放的、模糊的，无法明确地加以界定；（3）语义范畴内有的成员比其他成员享有更多的共同语义特征，各成员的地位是不平等的。

3. 原型范畴理论

维特根斯坦的"家族相似性"概念提出后，在哲学界、心理学界、语言学界和文化界引起了巨大的反响。拉波夫和罗斯等在维特根斯坦的家族相似性理论的基础上，通过一系列实验得出结论，对经典范畴理论提出了全面的挑战，将范畴化视为认知研究中最重要的内容之一，并运用实验的方法加以研究，以确定范畴成员的隶属度，证明许多自然范畴都具有维氏所说的"家族相似性"。罗斯首先提出了"原型"这个术语，用以表示范畴的典型成员，并创立了原型范畴理论，将其视为认知心理学的一项重要内容，这是对经典范畴理论的一次革命。

罗斯及其同事提出的"原型范畴理论"的基本观点是：

第一，实体是根据它们的属性加以范畴化的，属性经常是一个连续的标度。对实体进行范畴化不是依据该实体是否具有某一属性，而是它的基本特征在多高程度上接近典型特征。

第二，属性不是抽象的实体，而是说话人可以掌握的真实世界中的实体的性质，这里属性不局限于有形的性质。换句话说，属性可能是功能性的（它们涉及实体的使用）或互动性的（它们涉及人们认知事物的方式）。范畴的属性并非一些与主体无关的固有本质特征，它是事物性质的心理体现，与人们的认知和现实的互动模式密切相关，范畴的形成离不开人的生理、心理以及实体在特定文化中所起的作用等因素。因此，属性被看作是语义派生出来的。因而，尽管"原型"经常用来指范畴内的最佳成员或典型代表，但原型更确切的含义是指作为范畴核心的图式化的心理表征，是范畴化的认知参照点，其最佳成员只是原型的个例。

第三，区别一个范畴时，没有任何一个属性是充分必要的。实体的范畴化是建立在好的、清楚的样本的基础之上的，然后将其他实例根据它们与这些典型的、清楚的样本在某些或一组属性上的相似性而归入该范畴。这些好的、清楚的样本就是典型（即原型），它们是非典型事例范畴化的参照点。这种根据与典型事例类比而得出的范畴就是原型范畴。

第四，范畴内的成员在说话人的心目中的地位并不相等。原型是一个概念范畴中最典型的、最具有代表性的成员，而其他成员具有不同程度的典型性，范畴内的成员之间具有等级性，范畴的边缘是模糊的。

（三）范畴化的科学层次理论、民俗层次理论和基本层次理论

人类在对世界进行范畴化的过程中发现，现实世界的事物可以归属不同的范畴，如吉娃娃可以归为"狗"范畴，可以归为"哺乳动物"范畴，还可以归为"动物"和"生物"范畴，从而形成了范畴的不同等级。对于范畴化的层次理论，不同的学者有不同的看法。

科学的层次理论强调层次划分的逻辑性和科学的严谨性，并且尽可能追求客观，刻意排除人的主观因素对层次划分的干扰，不考虑人们对某个项目或某个层次的偏好。而民俗层次理论则是从朴素的观点看待范畴的层次划分问题，可以认为是一种"前科学"的认识，与"科学"的分层方法相比，民俗的分层方法有时带有含混的性质。事实上，人类语言中对事物的分类一般是"民俗的"，而非"科学的"。

认知语言学提出的基本层次范畴理论正是基于人类语言所体现的这种朴素认识，强调范畴层次的划分应充分考虑心理感知的难易、范畴是否作为完形感知以及语言使用者对各层次范畴使用的偏好等。

二、范畴理论在大学英语翻译教学中的应用

范畴理论在翻译教学中的应用主要体现在作品中词汇的理解上。在翻译教学中如果词汇理解不准确，很容易造成语篇理解的错误。词汇教学一直以来是外语教学中的一个重要组成部分。然而，语言单位形式和意义之间往往不是一一对应的关系，同一个词可以用于指代不同的事物或不同的场景，这种一词多义现象在语言中十分普遍。如何利用语言学理论指导多义词词汇教学成为外语教学中一项非常迫切的任务。传统的做法是将一个多义词中的不同意义都给予同等地位，各个义项之间没有必要的关联，教师的任务是分别讲授各个义项，对于意义产生的理据不予关注或不予充分关注。

词汇的准确理解离不开对词汇意义的掌握，尤其是对于一词多义的情况，学习者往往会感到无所适从。然而利用原型范畴理论，可以提高学习词汇的效率，这一点可以从二语习得的实践中得到证实。二语习得理论将词汇习得的过程分为循环出现的两个阶段，即语义化阶段和巩固提高阶段。在第一阶段，学习者将词汇的形式与意义相连接，在第二阶段，学习者则将新习得的词纳入永久记忆，该阶段是更深一层的加工过程，同时也

增加了习得词汇的语用、社会和隐喻特征。这两个阶段密切相关，如果习得词汇在第一阶段未能充分语义化，那么第二阶段的巩固提高就不可能实现。语义网络理论对巩固提高阶段的语义存储方式具有很强的阐释力。

语义网络理论的基本假设使所有学习者个体的陈述性知识都体现在由节点和路径构成的网络中。新的知识点要被习得，即被储存在相关的知识网络中，应能够引起学习者对早期相关知识的检索。这些新的知识点和早期相关知识同样能刺激学习者产生其他新的知识点，它们无论是由环境所提供的还是由学习者自己所产生的，都依附在学习过程中被激活的早期相关知识周围。在这个知识网络中能产生大量的检索路径，与某个信息单元相连接的检索路径越多，这个信息就越容易被回忆。如果某个检索路径失败，信息将会通过另一条检索路径被重新构建。学习者通过推理、引申、举证、图示或其他将新信息与旧信息相连接的方式学习或产生信息。在这个阶段中连接与加工越活跃，词汇习得就越容易实现。

认知语言学家认为，将多义词汇的各个意义一一列出，并不是最有效的贮存语义信息的方式。相反，一种网络状的贮存模式具有认知真实性，且允许义项之间有最多的共享信息或相关信息。网络结构反映了概念结构，也反映了一个多义词各个义项间的关系。这种多义词的语义表征方式与传统表征方式有很大不同：语义网络中各个义项的地位是不相同的，具有层次差别；各个义项对语境的依赖程度亦不相同；如果说这个网络中有一个义项是中心成员，那么其他义项都通过网络状联系与中心成员直接相关或间接相关。通常，这个中心成员被认为是整个语义范畴的原型。

词汇的语义网络中，每个节点代表特定的义项，节点之间的连线（即路径）代表作用于意义扩展的认知规律。这些节点均由一个中心节点延伸出来，这个中心节点通常被认为是整个词汇范畴的原型意义。认知语言学的这种观点是心理词库理论的体现。认知语言学家不认为心理词库是由边界清晰的词汇范畴构成的，而是认为词库是一个由形式-意义结合体组成的高度复杂和精细的网络，其中每个形式都有一个语义网络。与传统观点相比，这种研究认为词库内部的关系具有更多的理据性和较少的任意性。对多义现象来说，节点之间的联系类型就是词汇义项之间的关系类型，词汇语义网络理论中对节点之间的可能联系类型的研究具有突出价值。

尽管语义学的传统研究早已提出多义词汇语义结构包括辐射型、链型和辐射-链型三种，认知语言学的语义网络理论仍具有不同于以往学说的阐释力。多义词的结构主义模式的研究目的在于描写词汇意义的共同的具体语义成分，而认知语言学词汇网络模式的宗旨则是揭示存在于人的身体经验和感知中的意象图式，这些图示对解释义项间的联系起到本质性的作用。与传统的词汇意义表征的方式不同，词汇语义网络这种表征形式具有认知现实性。网络所表征的词汇单位的各个义项之间的联系不是任意的，而是具有自然的属性，反映了人类掌握和储存信息的方式。正是由于意义之间的联系具有自然的属性，多义现象才会如此普遍地存在。通过网络表征，可以将高度抽象的意义呈现为一个由内部关联的义项构成的结构体，这是认知心理学关于人类范畴化理论应用到语言学研究领域的结果。虽然认知语言学的网络分析是对词汇单位进行语义分析，从本质上说是语言学性质的，但该项分析所赖以进行的理论框架却在很大程度上提供了一个关于语言和认知之间关系的独特观点。

第三节　隐喻理论及其在大学英语翻译教学中的应用

一、认知语言学的隐喻理论

传统对隐喻的研究可以分为三个方面，即修辞学的研究、哲学的研究和语言学的研究。亚里士多德的"替换论"是最早对隐喻进行修辞学研究得出的主要成果，而柏拉图对"隐喻和真理"的探讨可被认为是隐喻哲学研究的最早成果。较早对隐喻进行语言学研究的是法国结构主义语言学家本维尼斯特以及英国语言学家乌尔曼，他们分别运用话语理论和心理学联想理论关注隐喻问题。

隐喻理论在认知语言学中占有重要地位，较早从认知语言学角度对隐喻理论做出系统阐述的是莱考夫和约翰逊。莱考夫和约翰逊的研究突破了传统的隐喻修辞观、哲学观、语言观，与传统的把隐喻看作修辞手段和语言现象不同，莱考夫等将隐喻视为构建概念系统的手段，提出了"隐喻的认知观"。这种观点的主要结论包括三个方面：

（一）隐喻的普遍性

隐喻体现了人们通过一种事物来理解另一事物的认知方式，它不是一种特殊的语言表达手段，而是普遍存在于日常语言和思维当中，英语里大约有70%的表达方式是隐喻性的。传统对隐喻的研究主要集中在一些"新奇隐喻"上，隐喻是从一开始就能被明确意识到的东西。而隐喻的认知观认为，人们在使用隐喻时是习以为常的、无意识的，人们使用隐喻是受到文化传统或认知习惯的影响。

（二）隐喻的系统性

隐喻不是个别的、彼此毫无关系的孤立用法，而是彼此联系，形成一个庞大的系统。不少看似孤立的隐喻，其实都有着这样或那样的联系，可形成某种结构化的隐喻群。例如，"情感是液体"的隐喻可以体现为"数量众多"的表达，如"We were full of joy.（我们充满喜悦。）""She felt quite calm.（她心情平静。）""He had reached the boiling point before she came back.（在她回来前他要气炸了。）"等。

（三）隐喻的概念性

隐喻不仅仅是语言问题，它作为概念形成的机制存在，人类的思维方式主要就是隐喻式的。在人们认识外部世界、创造新的意义、接受新知识的过程中，隐喻起着重要的认知中介作用。

隐喻从根本上讲是概念性的，不是语言层面上的隐喻性语言，而是概念隐喻的表层体现。

二、英语专业学生隐喻能力发展研究

隐喻研究经历了漫长的历史时期，在《诗经》中，就出现了许多"赋""比""兴"的句子和篇章。刘勰等人对隐喻进行过较为系统的论述和分类。国外的隐喻研究从以亚里士多德为代表的修辞格传统研究阶段，过渡到以理查兹和布莱克为代表的认知研究阶段，再到以莱考夫和约翰逊等为代表的现代隐喻学研究。隐喻无处不在，据统计，人们在产出语篇时平均每分钟应用 1.80 个新隐喻和 4.08 个沉积隐喻。就隐喻的本质而言，莱考夫等在《我们赖以生存的隐喻》（*Metaphors We Live By*）中指出，隐喻性是人们日常概念体系的本质，是通过一件事情来识别、理解另一件事情。隐喻已成为人们认知、思维、语言甚至行为的基础，是人们主要的、基本的生存方式。同时，它也是一种认知过程，根植于人们的生活经验，已经成为人们的普遍思维模式。人们通过隐喻来识别、理解人或事，如在"argument is war"中，人们借用"战斗"来理解辩论，不仅仅在于

"战斗"和"辩论"两者有一个或多个共同点,而在于这两件事在整体上具有经验完形相似性。"战斗"和"辩论"的概念都不是一些属性的集,而是一个完形,在理解它们时,需要的不是机械的记忆,而是隐喻思维。

学生在英语学习中应当具备基本的隐喻思维能力,以利于提高语言综合能力。目前,国内已有不少学者提出在教学中要注意培养学生的隐喻能力。王寅提出将隐喻能力、语言能力和交际能力并列为三大能力,将隐喻研究上升到思维的高度,这三种能力既有区别又有联系,共同构成了语言运用的基本功,是掌握一门语言的高层次标准。随着认知语言学理论的发展,越来越多的学者关注认知语言学理论对我国外语教学的实际指导作用。作为英语学习的主力,大学英语专业学生更加需要培养隐喻思维能力,提高隐喻能力。为英语专业学生开设的专业必修课程中蕴含大量包括隐喻在内的修辞语言。要理解作品内容,领悟作品主旨,提高隐喻能力,就需要理解这些隐喻语言。

(一)隐喻能力的界定

隐喻能力是跨文化交际能力中必不可少的能力,它影响到人们交流的流利程度和效果,也影响到学习者语言综合能力的提高。对于隐喻能力的界定,国内外有不少学者提出了自己的理解。隐喻能力是在说话和写作中能够识别和应用新隐喻的能力,包括指出目的语中的概念隐喻和心理意象的能力,在交流中应用概念图式的能力。人人具有隐喻能力,隐喻能力可分为本族语隐喻能力和目的语隐喻能力。隐喻能力的具体内容为:(1)隐喻产生的原创性;(2)发现隐喻意义的能力;(3)提取隐喻意义的速度;(4)对隐喻做出解释的流利程度。王寅则认为,隐喻能力的具体内容包括人们能够识别、理解和创建跨概念域类比联系的能力,不仅包括被动地理解和学习隐喻,还包括创造性地使用隐喻的能力。另外,更高的目标还包括丰富的想象力和活跃的创新思维能力。

现今国内外对隐喻能力的界定尚未取得统一的看法,但基于以上对隐喻能力本质的认识,可将隐喻能力的内容界定为以下四项:(1)理解隐喻的概念本质;(2)提取隐喻的能力与频率;(3)泛化隐喻到英语学习中的能力;(4)在语言实践中运用隐喻的能力。

（二）基于翻译的英语专业学生隐喻能力发展介入性研究的必要性和可行性

1.必要性

从教学目标来说，依据高等学校外语专业教学指导委员会英语组制定的《高等学校英语专业教学大纲》，各大学英语专业大都制定了自己的"翻译教学大纲"，开设英语翻译课程的目的是系统地讲授有关翻译的技能、技巧等基础知识，提高学生英语语言技能，进一步扩大学生的知识面，加深学生对社会和人生的理解，为学生能独自翻译打下良好的基础，也为今后进一步的语言学习和研究奠定基石。在高年级阶段，学生应具有较强的英语综合运用能力，应在翻译课程中发展创新思维能力和主观评价能力。培养学生的隐喻能力，不仅能引导学生充分理解翻译作品，领悟作者的写作意图，发掘文章的内涵，而且能从根本上提高学生的表达流利程度，有利于提高学生的交际能力，符合新时期对外语人才提出的高标准和高要求。

2.可行性

实证研究表明，以翻译教学来培养专业学生隐喻能力的可行性在于：首先，学生经过初中、高中的学习，进入大学，认知能力已基本成熟，具备隐喻思维能力。其次，翻译作品中蕴含大量隐喻现象，这为提高学生的隐喻能力提供了丰富的语料。最后，选择教学经验丰富、语言知识扎实、具有一定语言学专业知识的教师负责翻译教学，可以很好地培养学生的隐喻能力。

第八章 大学英语翻译教学实践应用

第一节 英汉对比在大学英语翻译教学中的应用

大学英语教学受课时限制,主要以"综合英语"课程教学为主,采取语篇讲解的方式教学,英语翻译教学流于形式,学生语言输出困难。英汉互译是大学生必须掌握的重要语言技能,但是提高学生的翻译能力却是大学英语教学中的难点,尤其是如何改正学生带有汉语思维方式的英语表达。英汉语言对比研究侧重于表现英语和汉语的共时对比分析,旨在寻找、描述并解释英语和汉语的异同,尤其是不同之处和特殊之处,并将研究的结果应用于有关领域。下面将以英汉对比研究的视角探究英语词汇教学、语法教学、句法教学和语篇教学,以期真正提高学生的英语翻译水平。

一、英语词汇教学

以英汉对比的视角研究英语词汇教学,主要通过比较英汉词汇在构成形态、语义关系和文化方面的差异来指导英语词汇教学。

(一)构成形态

英语通过词形变化表示词性与语法的关系,汉语则通过虚词及语境加以表示。翻译时,学生常常在英语单词不同的词性上犯错误。比如,翻译"他就像我人生中的一盏明灯"时，大量学生译为："He likes a light in my life."，忽视了 like 意为"像"，是个介词，应该用系表结构。准确的表述应该是"He is like a light in my life."。而翻译"古人将狮子视作勇敢和力量的化身"时，很多学生将"勇敢"翻译成"brave"或"bravery"，这都是错的，正确的译法应该是"Ancient people regarded the lion as a symbol of braveness and strength."。"brave"是形容词，而"bravery"则是学生生造出的错词。

此外，英语中还有大量的前缀和后缀。而英语的一缀多义和一义多缀，不但规模大，数量多，而且种类齐全，这在汉语中则较少见。如，汉语的"超"在英语中可有下列前缀：super-、over-、hyper-、ultra-、sur-、extra-。

例如：

supersonic 超音速

overstaff 超编

hypernormal 超常

surpass 超过

extraordinary 超凡

在英语词汇教学中，教师指导学生准确掌握英语的词缀，可以有效提高学生的词汇学习效率。

（二）语义关系

从英汉对比研究的角度，英汉词语的语义关系包括：对应、近似、并行、包孕、交叉、替换、空缺、冲突。英汉语义的差异包括：褒贬、宽窄、新旧、感情色彩、民族风韵、国情特色、语用背景。例如，"opera"这个单词指的是源于西方的歌剧，而中国的京剧与之虽有相似之处但差别较大，两者的语义关系属于交叉，京剧可翻译成"Beijing opera"；英语中的"play"基本上等同于中国的话剧，两者语义关系属于近似；英语中的"rice"可以概括汉语中的米、稻、谷、米饭；"temple"可涵盖汉语的庙宇、寺院、神殿、教堂，这些语义关系均属于包孕。但这些语义关系在简易词典中常常得不到充分反映，因此教师应要求学生养成查阅高阶英汉双解词典的良好习惯。

（三）文化差异

词汇不仅表达词义，更是文化的重要载体。在全球化进程不断加快的 21 世纪，在大学英语教学中对文化词汇的教学尤显重要。比如"affair"一词，除"事情、事务"的含义以外，尚有"与配偶以外的人发生的性关系"的意思，尤其应谨慎使用"have an affair with sb"的句型。学生在表达"恋人、爱人"的意思时,喜欢使用"lover"一词,殊不知"lover"意指"情人、(婚外恋中常指男性)情夫",和它对应的词是"mistress",意思是"情妇",教师在教学中应注重教授英语词汇的文化内涵,为学生今后的翻译学习及工作做好准备。

二、英语句法教学

(一)英语主谓句和汉语的话题句

英语是主谓结构的语言,任何句子中都有(逻辑)主语和谓语,二者缺一不可。转换生成语法理论将句子基本形成规则归结为"句子=名词短语+动词短语"。汉语大都是"话题+说明"的结构,以话题为中心,然后说明与话题相关的事。

学生在英语翻译中最突出的问题便是主语缺失或主谓搭配不恰当。例如:"没有调查,就没有发言权。"这是典型的汉语"无主句"或"话题句",英语表达必须增加虚主语,译为:"He who makes no investigation has no right to speak."。

对于"房间够四到十个家庭的差不多二十口人住"这句话很多同学翻译成"The room can live about twenty people from four to ten families."。这是典型的汉语思维方式,"房间住……人"看起来合乎逻辑,但并不符合英语的表达习惯。正确的表达方式应该是"The room is big enough for about twenty people from four to ten families to live."或者"The room can accommodate about twenty people from four to ten families."。

因此,在英语翻译教学中,教师应指导学生掌握内在关联,正确断句,做到汉语话题句与英语主谓句之间的正确转换。

(二)英语的"形合法"和汉语的"意合法"

王力最早指出了英汉句子之间"形合"和"意合"的差异,简而言之,英语的"形合"是指英语句子之间的逻辑关系是通过关联词等语言形式手段进行体现的,汉语的"意合"是指汉语句子间的逻辑关系是借助语境来体现的。汉语的连接手段通常表现为隐性连接,而英语的连接手段则通常体现为显性连接。所以,在英语写作与英汉翻译教学中,都必须重视两者的相互转换,特别是在汉语诗歌与成语的翻译中,避免"汉式英语"或"欧式汉语"。

如下面两句汉译英中，以斜体标注的是补充的英语连接词。

（1）她不老实，我无法相信她。 *Because* she is not honest, I can't trust her.
（2）人不犯我，我不犯人。 We will not attack *unless* we are attacked.

再如下面的汉语诗句翻译：

横看成岭侧成峰。
If you look at the mountain from its front, it looks like a whole range, but if you look at it from its side, it looks like a single peak.

这句汉诗的英译中，译者按照英语的表述习惯添加了连词 if、but 和虚主语 you、it 以及宾语 the mountain 和 it。

（三）英语的被动句和汉语的主动句

被动语态的使用是在英语中较为常见的语法现象和表述习惯，特别是在信息类文本和科普性文本中。汉语写作中常使用意义被动式，而很少使用结构被动式。在学生的英语写作与翻译练习中，被动语态不正确的缺省也是突出问题，特别是对不同时态被动语态的使用。

如在下面的汉译英中，用斜体标出的是由不同时态的汉语意义被动式向英语形式被动式的转换。

（1）这个男孩在放学回家的路上受了伤。
The little boy *was hurt* on his way home from school.
（2）门锁好了。 The door *has been locked up*.
（3）新教材在印刷中。 New textbooks *are being printed*.

三、英语语篇教学

（一）替换与重复

汉语喜欢重复，或是为了强调，或是为了平衡朗读的节奏。英语很少重复，力求行文的简洁。英语写作和汉译英时，应尽量避免重复，以适应英语民众的语言心理习惯。例如：

这是革命的春天，这是人民的春天，这是科技的春天！让我们张开双臂，用热情拥抱这春天吧！

Let us stretch out our arms to embrace the spring, which is one of the revolution, of the people, and of science.

（二）形合与意合

前文提到的英语与汉语在造句上形合与意合的区别，也同样出现在语篇中。汉语多用隐性的语篇连接词，相反，英语的语篇连接词多为显性。在英语翻译教学中，要强调英语关联词的合理运用，以使行文流畅。汉译英时，必须先总结出原文中最主要的信息，并将其放入目的语主句，再把原文中的次要信息放入目的语的从句或短语中，并加上形式连接词。例如：

达尔文一生多病，不能多做工，每天只能做一点钟的工作。你们看他的成绩！每天花一点钟看十页有用的书，每年可看三千六百多页书，三十年读约十一万页书。

——胡适《不要抛弃学问》

下面的译文中，斜体部分是汉译英时补充的连接词。

Charles Darwin could only work one hour a day due to ill health. *Yet* what a remarkable man he was! *If* you spend one hour a day reading ten pages of a book, you can finish more than 3,600 pages a year, *and* 110,000 pages in thirty years.

（张培基 译）

（三）直线形与螺旋式

总体来说，英汉语篇呈现出直线形与螺旋式的逻辑特征。在英语写作教学中，教师要指导学生注意主旨句的明确设定，通常将其放在段首。英译汉时引导学生要破句重组，化繁为简；而汉译英则常常要求化简为繁，重新组成复合句或长句。例如：

While Huxley is right, of course, that the elements released during the combustion of coal return to the environment, an enormous number of Victorians would have experienced that return in the form of blackened skies, soot-covered buildings, filthy waterways and streets, and respiratory ailments directly attributable to the toxic atmosphere.

赫胥黎认为，煤炭在焚烧过程中产生的排放物会返回到环境中，这一观点当然是对的。不过，在维多利亚时代的许多人对这种返回的感受则是：生活在布满阴霾的天空下、烟尘熏黑的建筑里，肮脏的水沟和街道上，而且在这种有毒的大气中生活还会直接使人患上呼吸道疾病。

上面的汉语译文把这一复合句的主从句重组为两句，并通过增加连词"不过"表达逻辑关系。通过把原句中冗长的形式状语重组为译文中的表语，并用冒号加以突出，实现了化繁为简。

第二节 语境理论在大学英语翻译教学中的应用

随着我国经济发展水平的日益提高，同国外的交往也日益频繁。而作为国际通用语言，英语显得尤为重要。大学英语已成为高校教育的基础学科，而大学英语翻译教学也开始被社会关注。下面将根据现阶段的大学英语翻译教学状况，简单分析语境的概念和特征，并简要研究语境和翻译之间的关系，以及语境对英语翻译教学的重要意义，为培养翻译人才提出建议。

一、语境概述

（一）语境的概念

语境，是指利用特定的语言环境揭示概念在相对关系下的定义，语境即语言环境。一个概念在相对独立的情况下是没有意义地存在的，当为一个概念下定义时，应该将其置于一定的语言环境中，并通过揭示二者之间的相互关系来下定义。因为相对概念总是相互对应和彼此联系的概念，如果想要认识其中的某个概念，就必然要认识另一个概念，所以不能用一个相对概念去定义另一个与其相对的概念。

（二）语境的特征

语境具有五大特征：普遍性、层次性、封闭性、动态性、确定性。普遍性特征表现为语境是无穷无尽的，存在于一切话语交流之中，而任何影响交流的因素都能够称之为语境。层次性特征表现在一切语境中都涵盖了一个甚至更多较小的语境，又或者都存在于一个更大的语境之中。封闭性表现在特定的语言环境、文化背景和经常交际的人群等都限制了语境使用范围。动态性表现为在语言不固定的状态下，语境在交流过程中不断地被改变，影响交流的主体因素也在不断地发生变化。确定性表现在具体的交流语境以及交流者的主动性，都会对交流过程产生相应影响。

二、语境在大学英语翻译教学中的重要意义

（一）语境与大学英语翻译教学的关系

首先，语境存在于任何人际交流过程中，语境的运用也要处于具体的环境中。不少学生在实际的英语翻译中发现，单纯的词汇有时并不能表现出原文含义，甚至会影响原文概念，从而不能翻译出准确的原文含义。这就是在英语翻译过程中，语言的含义只有在其所属的语境中才能被正确理解。其次，影响语境在英语翻译中运用的因素还包括社会生活环境、文化背景以及心理态度等方面。在英语翻译中语境的运用不但影响着读者对原文的认识，还制约着原文含义的正确表达，因此语言的运用往往是通过语境决定的。最后，在翻译英语原文时要紧密联系文中语境，并考虑原文整体含义。综上所述，语境在大学英语翻译教学中举足轻重。

（二）运用语境理论提高学生综合能力

为了培养学生的英语翻译能力，使其能够在英语翻译中正确使用语句，大学英语翻译教学不但要对学生进行翻译理论知识的传授和翻译技能的培养，还要提高学生听、说、读、写等各个方面的能力，因此大学英语翻译教学也要从多方面着手。运用语境理论能够有效培养学生的综合能力，学生可以通过对语境的认识，在翻译时从多方面考虑，不再片面地进行翻译。学生可以通过大量的词汇与语句翻译练习，来夯实英语翻译基础。所以，教师在授课过程中应特别注意学生的综合能力培养，让学生在水平总体提高的基

础上，具备完整翻译技能。在英语翻译中应用语境理论，既要提高学生对主要内容的认识能力，也要改进以往的教学方法。

第三节 建构主义理论在大学英语翻译教学中的应用

由于多媒体技术、互联网和终身教育理念的普及，许多教师开始从心理学方面入手进行翻译教学的改革，而以建构主义为中心的理论对当前翻译教学的改革具有很强的指导意义，并成为人们突破传统教学模式的重要手段。各大学也开始深入研究建构主义理论，并在具体的翻译教学中大量应用建构主义理论，并发现了它的优势与不足。

一、建构主义理论在英语翻译教学中的应用优势

（一）提高学生学习兴趣

1. 充分发挥以学生为中心的教学模式

教师在整个翻译教学过程中应该是辅助的角色，学生作为翻译的主体，应该首先掌握词汇、语法以及语音等基础知识，在这些语言材料的辅助下，学生独立地完成翻译学习，教师在适当的时候进行引导，促使学生更快地掌握翻译的方法。这种以学生为中心的建构主义教学模式，对于学生学习兴趣的培养具有重要的价值。

2. 情境与意境的巧妙结合

语言的翻译要充分把握语境，要结合现实的一些事物，比如在一句常见的翻译中就能够看出联系具体情境的重要性："Rivers provide good sources of hydro power."很容易被翻译成"河流可以提供好的水力资源"。但是实际的意思却是："河流具有丰富的

水力资源。"因此要注重对英语翻译情境的营造。结合场景,学生能够在脑海中创造出一种合适的翻译情境,这样才能够充分提高学生的学习效率和学习兴趣。

(二)契合中西方文化

中西方文化的差异造成了相关翻译过程中的文化冲突,并且很多具体的语言体现也存在不同的取向。地理环境、宗教方式、思维方式以及风俗习惯都有着很大的不同。大学翻译教学应该基于对各国不同文化的把握,将文化作为翻译的基石,尽量考虑到各国之间的文化差异,注重对"信、达、雅"的共同追求。通过对中西方文化共同点的把握来实现的翻译,有利于文化的传播和交流,对于翻译人才的培养也具有重要的作用。

(三)发挥文学审美

翻译教学应该考虑到文学审美上的意义,文学是没有国界的,在相关的翻译教学中要强调文学的美感,尽量在翻译中提高语言的文学审美,才能够发挥翻译教学的魅力。翻译是一种语言的交流,要充分考虑到原作者的意图,还要翻译出能够令人感动的语句,比如傅雷在《夏洛克外传》的译本卷首语中写道:"夏洛克既然曾经予以我真切的感动,一定亦会予以人同样的感动。"很显然原文肯定不是这样写的,但是傅雷能够将自身的情感倾注到翻译上,并且在原文翻译中加入了一些中文的文学表达方式,对于原作品的诠释是非常到位的。综上,在翻译教学中强调文学审美,对于翻译教学的进步具有积极的作用。

(四)统筹全文思想

在英语翻译中要考虑全文的意思,并不是就一句话进行翻译,而是要综合整篇文章的内在意思进行翻译,就像中文中存在多义词一样,很多英文词汇在一个大的语言环境中所表达的意思也脱离了原来的意味,因此译者要积极地统筹全文思想进行翻译,只有这样才能够对作者意图有一个充分的把握。

建构主义的英语翻译教学模式能够有效地促进学生的自主性,是一种教学模式的创新,并且能够创造一种更好的教学模式。学生在这种教学模式中能够有效地实现自主学习,有利于复合型翻译人才的培养。但是,建构主义并不是万能的,要充分把握建构主义理论的优势,不断促进复合型英语人才的培养。建构主义在大学英语翻译教学方面将会发挥更大的应用价值。

二、建构主义理论在英语翻译教学中的应用误区及解决方法

(一)应用误区

在大学英语翻译教学中应用建构主义理论也存在着很多误区,建构主义教学思想注重对学生思想的解放,对学生主动性的鼓励,学生容易在这种环境中进入翻译误区。翻译是一门艺术,具有创造性,但是一旦放任自流也会产生很多不利的后果。例如下面这句话:

If you do not leave, I will in life and death.

一些学生容易将这句话的意思误认为:"如果你不离开我,我就跟你同归于尽。"而这句话真实的意思却是:"你若不离不弃,我必生死相依。"从此处便可发现,建构主义中对学生创造力的放纵,可能会造成翻译错误。这也是当前建构主义教学存在的一大问题。

(二)解决方法

针对建构主义教学存在的问题,教师应该积极引导学生建立正确的翻译观。教学过程中要充分发挥教师的指导作用。学生之间应该相互合作,对于一句话的翻译要经过小组的讨论,综合所有人的观点,给出一个相对完美的翻译。这样更有利于学生翻译水平的提高。

(三)未来前景

在长期的发展过程中,大学英语教学往往以学生通过英语等级考试为教学目标,大学英语人才培养往往建立在对学习成绩的考核上,教学质量受到挑战,人才培养的社会适应性受到质疑,尤其是在当今社会对翻译人才的培养要求逐渐提高的情况下。而当前的建构主义教育理论赋予了大学英语翻译教学新的活力,认为教育应该是一种动态的持续的过程,不应该是一种静态的短暂的过程。教学评价应该是建立在改良教学手段和提

高教学质量的前提下的,并且在翻译教学中形成的建构主义综合评价机制,是基于对更高目标获得的理论。美国心理学家布鲁姆曾经指出,评价要能够改良学生的学习机制,并能够提高学生学习的能力。也就是说,综合的建构主义评价是有利于学生成长的。

大学英语翻译教学在当前来说是比较核心的教学内容,尤其是在当今社会对翻译人才的需求越来越大的情况下,英语翻译教学已经成为大学英语人才培养的重心之一。教师必须更加主动地探究建构主义理论,充分发挥建构主义理论在大学英语翻译教学中的重要作用,给学生以充分的自主性,并积极解决在建构主义理论中存在的问题,形成以学生为中心的翻译教学模式,最大化发挥建构主义理论的优势。

第四节 交际翻译理论在英语翻译中的应用

一、交际翻译理论在英语翻译中的作用

(一)对各国间的文化差异进行合理调整

经济全球化为各国带来了更多的机遇,同时也对各国提出了挑战。各个国家由于地理环境不同,民族文化、风土人情和生活习惯等都存在着很大的不同,各国间由此产生文化差异。而交际翻译理论的目的就在于将原文的主旨通过适当的语言表达出来,实现译文与原文文意一致,从而使译文读者与原文读者获得相同的阅读感受,并以此达到准确交际的目的。在中西方文化存在巨大差异的背景下,翻译人员必须对中西方文化进行理解与把握,并运用正确的语言,实现中西方文化等值的信息交流。在实际的英语翻译中,翻译人员常常会发现一个单词在不同文化背景下有着不同的含义。比如,兔子在我国属于非常可爱的动物,还有以兔子命名的奶糖品牌,受到国人的广泛欢迎。不过,对澳大利亚而言,兔子并不是一种受人喜爱的动物,因为它会破坏草原,和牛羊抢夺食物,损害地方农业生产。当翻译该奶糖品牌时,就不能直接翻译,否则将会给品牌造成负面影响。

（二）使译文与原文的信息对等

交际翻译理论认为，翻译的主要目的就是对原文信息做出正确的表达，在翻译中所做的一切工作都应该服务于整篇文章的翻译效果。而商务英语翻译的最基本条件便是要保证译文信息和原文信息对等，做到信息的等值传递。在这种情形下，翻译人员翻译部分特殊信息时，要针对文化差异以及不同的语境，对信息做出适当处理。在实际的商务英语翻译中，有不少翻译人员对单词进行了直译，使原文所表达的信息与译文表达的信息无法等值，也因此产生了不少错误。比如，国内的很多"国家二级企业"被翻译成"State Second-class Enterprise"，而"Second-class"在英文中有品质较低下的含义，如此翻译既影响了企业的整体形象，又给企业的发展造成了负面影响。如果译成"State-level Ⅱ Enterprise"效果会好很多。所以，在商务英语翻译中，翻译人员要对自身的工作尽职尽责，避免翻译错误造成恶劣的影响。

二、交际翻译理论在英语翻译中的应用

（一）交际翻译理论在英语翻译中的直译应用

在英语翻译中，一般包括直译、意译和转译三种方法。但交际翻译理论在英语翻译中的应用，并不能否定语义翻译理论在翻译中的重要地位，而交际翻译理论在直译中的应用则更充分地证实了这一点。在英语翻译中的直译包括两种。

一种是含义直译，指按照原始文章的语法内容和词汇结构直接翻译，在其中不加特殊的调整。在许多词汇上，中西方都形成了一定的共识，对词汇的表述也存在着统一性。

另一种是读音直译，顾名思义，就是英文中的部分词汇能够利用读音来翻译成中文，此类词汇的使用范围也相当广泛。例如"model"可以直译为"模特"；"salon"可以直译为"沙龙"。交际翻译理论的直译应用简洁易懂，很容易被双方语言接受，同时也能够创造良好的交流意境，既具有本国的语言韵味，又具有源语国家的语言风格，更有助于推进双方的沟通与合作。

（二）交际翻译理论在英语翻译中的意译应用

通过认识原文的内涵与意义，实现对内容的形象表述，进而完成对信息的传递。这种翻译方法就是交际翻译理论在英语翻译中的意译应用。英语和汉语有许多表达方式都是相同的，例如中文对一些事物和动作用比喻的方法加以表达，在英语中也常常会用到。遇到含有比喻等手法的英语语篇时，如果对其采用直译的方法，不但无法取得很好的翻译效果，而且还会妨碍双方的正常沟通与交往。例如"He was born with a silver spoon in his mouth."，可以直译为："他出生的时候嘴里含着银匙。"这句话很显然是不合乎常理的，这样翻译就不容易使人了解这句话的深层含义。而通过交际翻译理论的意译应用，就能够对这句话利用比喻的手法加以联想，从而真正明白原文所要传达的意思。在平常的表达中，出现发音和表达不明确的情况都很正常，如果能够运用交际翻译理论对其加以合理调整，就能使英语翻译取得更好的效果。

（三）交际翻译理论在英语翻译中的转译应用

在英语翻译中，交际翻译理论的直译与意译在应用与表达上都比较简单，且浅显易懂，但转译要求翻译人员具备较强的语言专业知识和丰富的文学积淀，力求将原文的含义表达得淋漓尽致。转译不是单纯使用文字或比喻手法对原文加以翻译，而是需要将原文中说明的事物转换成另一种事物，并进行更多的调整，实现双方文化的互动与交流，这相比于直译与意译来说，难度提高了不少。比如，"紫禁城"在英语中被翻译成"Forbidden City"，这并不是直译，因为"紫禁城"中的"紫色"并未被译出，但它又并非意译，因为意译所表达的内涵与文章的字面表述不应当有关联。所以，这里所使用的就是转译的方法，可以完整地表达"紫禁城"的意思。交际翻译理论可以将一种事物转换成另一种事物加以表述，也可以将静态与动态互转，最终实现信息的传递与思想的交流。

第五节 商务英语中虚拟语气的翻译及其应用

商务英语是英语的重要分支，是国际贸易中的通用语言。商务英语的礼貌表达在商务活动中显得尤为重要，并日益引起学生的重视。商务涉及面十分广阔，包括金融、保险、合同、市场营销、对外贸易等，但由于涉及权利与义务的各个方面，在使用商务英语时，要注意语句的严谨性与准确性。而虚拟语气的正确使用能创造良好的商务环境，形成和谐的洽谈氛围，给对方留下举止得体的良好印象，加快双方贸易的进程，最终实现双方各自期望的理想目标。

一、商务英语中虚拟语气的翻译原则

商务英语是人们在商务贸易中使用的一种英语文体，广泛应用在各种国际商务工作和国际职场中。商务英语的正确使用可以营造和谐融洽的工作氛围，也有利于双方达成协议。从某种程度上来说，商务英语其实是在商务背景下专业知识与语言的综合运用。专业性、口语性、实用性是商务英语最突出的特征。当在商务英语中运用虚拟语气时，一定要注意其实质特征，在翻译过程中要坚持如下原则：

（一）准确性原则

商务英语措辞严谨规范，语句精练确切，所以在翻译过程中要力求准确，对带有虚拟语气的句子也是如此。首先要在正确理解原文的基础上，把握整个句子的基本语法结构，这就需要牢记虚拟语气的基本表达方式，准确掌握虚拟语气的运用情况和语用功能。例如：

Should the sellers be unable to cover insurance and open L/C at once, the buyers' loss would be born by the sellers.

如卖方没有及时保险并提供信用证，则买方的一切损失将由卖方承担。

首先可以确定，这是个省略了 if 的虚拟条件句，由此便正确掌握了该句子的语法结构，此外，还必须注意"L/C（信用证）""the sellers（卖方）""the buyers（买方）""cover（保险）"这些专业词汇，要对这些专业词汇做出恰当的翻译，才能把这句带有虚拟语气的句子准确地翻译出来。

（二）实用性原则

商务英语具有实用性，其表述的内容有很强的目的性，故文体要正式，措辞也要严谨。文体方面不要求运用大量的辞藻来增加写作效果，通常只需要简单易懂的正式语体即可。写作过程中作者要清楚自己的态度，切忌使用模棱两可的词汇，不然会影响最初的表达目的。

比如在期望得到对方答复的邮件结尾处，使用固定的表达：

We would appreciate if you could send us your reply.
若能收到对方来信，我方将不胜感激。

在长期的国际贸易交往中，那些简洁的固定句式已被国际贸易工作者们普遍认可和采用，过于生硬、复杂的书面文体会让对方感到不被认可和重视。

（三）礼貌性原则

在翻译商务英语中带有虚拟语气的句子时，要重视礼貌性原则，并且译文要显得语气委婉含蓄，这样可以减少不必要的冲突与矛盾。例如：

We leave the insurance arrangement to you but we wish that you could have the goods covered against all risks.
将投保事项交给贵方安排，并期望贵方能为该货物保一切险。

例句中由于使用了虚拟语气，使商务洽谈中交易双方的语气大大缓和。在翻译的时候要考虑对方的面子，并采取礼貌含蓄的语言策略，以便达到预期的交际效果，并促进双方最终成交。

二、虚拟语气在商务英语中的应用

虚拟语气作为一种重要的语言手段，广泛应用在商务函电、商务合同、商务谈判等各种商务交流中，有效地推进了商务活动的顺利开展。

（一）虚拟语气在商务函电中的应用

在商务函电中，写信人若使用陈述语气提出意见，往往会显得太过坚定绝对，可能令对方产生反感与厌烦。而虚拟语气可以让表达者的语气变得更加礼貌客气，使收信人更容易接受写信人的看法，并以此达成双方进一步交流的目的。所以，人们在商务函电中经常通过虚拟语气来委婉地表示自己的意见和观点，谓语则多用should、would、could、might＋do的形式。例如：

（1）We would prefer an alternation of payment terms and a discount of 5% in your price.

我们希望选定一种付款方式，并以贵方价格5%的折扣成交。

（2）We prefer an alternation of payment terms and a discount of 5% in your price.

我们宁愿选择一种付款方式，并以贵方价格5%的折扣成交。

由上面的例句可以看出，例句（1）运用了大量的虚拟语气，语气明显比例句（2）更加委婉客气，从而实现更好的沟通。

（二）虚拟语气在商务合同中的应用

商务合同是双方达成协议并签订的一种具有法律效力的文件，其语言风格较正式规范，准确严谨。虚拟语气的运用恰恰能缓和紧张严肃的气氛。

例1：

①It is required that both parties should abide by the terms and conditions of the contract.

要求双方都应遵守该合同条款。

②We require that both parties should abide by the terms and conditions of the contract.

我们要求双方都应遵守该合同条款。

例2：
①It is necessary that one party should inform another party in advance.
一方有必要提前通知另一方。
②One party should inform another party in advance.
一方应该要提前告知另一方。

以上两个例子中，句子①都使用了被动语态的虚拟语气，句子②则采用了主动语态的陈述语气。可以看出把主动句转化成带有虚拟语气的被动句，既能正确传达意义，也易让他人接受，而主动句会给人一种命令的感觉。

（三）虚拟语气在商务谈判中的应用

在商务谈判中，不同国家间的文化、信仰、生活习俗等均有较大差异，为避免双方在交流过程中产生误会，人们往往会使用虚拟语气。例如：

If you could make a concession, we would order more commodities.
若贵方能做出让步，我方将会订更多的货物。

由上面的例子可以看出，在谈判一方由于各种因素而无法接受对方所提出的要求时，若采取较生硬直白的方式拒绝将会使谈判陷入困境，并且很可能会失去将来的合作机会，而采取虚拟语气这种较为委婉的表达方式则可以有效缓和紧张的气氛，从而促进谈判的顺利进行。

商务英语以其实用性强的特征在商务活动中得以普遍运用，虚拟语气作为一种主要的修辞手法，运用在商务英语交流中不但可以缓和谈判气氛，而且能以委婉的表达方式促进双方愉快融洽的交往。有时为了应对复杂多变的国际市场行情或顾及对方所在国的风俗习惯，运用虚拟语气不仅能够使表达含蓄委婉、很有礼貌，同时还能使双方理解彼此真实的意图。因此，作为商务英语的运用者，要善于发现并分析其中礼貌的表达方式，了解其特征以及在实践中的具体应用情况，这对在实际的商务活动中合理运用商务英语有着重要的现实意义。

第六节 暗喻在英语广告及翻译中的应用

市场国际化和经济全球化的不断发展，使广告宣传随处可见，广告已成为许多商家、企业、消费者了解商品信息的重要途径。要想在激烈的国际竞争中占有一席之地，就必须要充分地展现出商品的优点，产品广告宣传就是企业的首选。广告设计师必须调动、运用所有的语言资料，以充分表现企业广告宣传的目标，让消费者对产品有更进一步的认识。在英语广告中，修辞手法的使用随处可见，所以教师要注意更新教学观念，改善教学方式，以提高大学生的英语翻译水平。下面将以大学英语翻译教学实施现状为立足点，从暗喻的修辞手法入手，探讨在英语广告中暗喻修辞的应用及其翻译方法。

一、英语广告的特点

（一）词汇特点

英语广告中的词汇丰富多彩，富有感染力，并且在力求简洁的同时也不失语言的鲜明和个性。英语广告中会使用精练的词汇来传达产品的信息，使消费者能够一目了然，印象深刻。例如：

Just do it. 只管去做。

Good to the last drop. 滴滴香浓，意犹未尽。

（二）语法特点

英语广告在语法上具备运用多种语法的特点，以简单句为主，复合句则较少，祈使句也常常被用到，有时候也通过省略句来增强广告宣传的效果。例如：

简单句：

Take time to indulge! 尽情享受吧!

祈使句：

Obey your thirst. 服从你的渴望。

省略句：

Always with you. 永远和你在一起。

（三）修辞特点

使用修辞手法，可以增强广告的创意性和宣传效果。而广告语作为一种宣传性的话语，常常会使用各种各样的修辞手法，特别是暗喻的使用，可以增强广告语的语言气势，使其节奏感更强，有助于强调广告内容，使广告独具吸引力。例如：

Ask for more! 渴望无限！

Start ahead. 成功之路，从头开始。

二、暗喻在英语广告中的应用

暗喻是一种修辞手段，如"夜幕"可以翻译成"the curtain of night"。暗喻要包含两个事物，一个是完整的暗喻主体，一个是喻体。暗喻是一种语用现象，必须在一定的文化背景或上下文语境中才能确定意义。它最基本的用途就是借助描述某一事物的词或词组来形容另一个事物。在英语广告宣传中往往会使用多种修辞方法，以取得最佳的效果。

类比个性属性是联系某个事物的相关特点，对它加以比喻，利用类比来突出产品的特殊性。例如：

（1）Toyota moves forward as your partner. 你的伙伴丰田和你共同前进。

此广告中将丰田产品拟人化，比喻成人们身边的伙伴。丰田汽车是本体，伙伴是喻体。把产品比喻成伙伴，充分表现了产品对人们生活的重要意义，此广告中含蓄地使用了暗喻词来表达丰田汽车的卓越品质。在人们的日常生活中，伙伴是关键组成部分，此广告利用伙伴的属性来表达产品的优势，向受众传达了产品是不错的选择这一信息。

（2）Breakfast without orange juice is like a day without sunshine.

缺少橙汁的早晨，就像没有阳光的日子。

此广告中以橙汁为本体，以有阳光的日子为喻体，把没有橙汁的早晨比喻成没有阳光的日子。广告语恰到好处地使用暗喻的修辞手法，说明了橙汁在早餐中的重要意义。有阳光的日子是人们都喜爱的、向往的，因此运用有阳光的日子可以将橙汁的意义彰显无遗，向读者清楚地说明了橙汁的意义，引导读者认为橙汁是早餐必选。

突出某一事物的特征或优势来表现广告产品的独特性，也是常见的暗喻手法。

通过暗喻，可以提高产品的社会地位和价值，使更多的读者对广告产品产生好感，进而产生购买的愿望和需求，从而真正实现广告的宣传效果，将产品的价值表现出来。

三、英语广告中暗喻的翻译

英语广告中暗喻的翻译方法对广告的效果有着很大的影响，如果可以对英语广告中的暗喻恰到好处地翻译，充分发挥出暗喻生动形象的作用，便是最好的翻译方法。通常英语广告中暗喻的翻译方法有直译、意译和活译三种，具体使用哪种翻译方法，需要针对不同的广告内容去选择。

（一）直译法

直译法是一种比较常见的英语广告翻译方法，它是将英语广告中的语句作为基本单元，逐字或逐句翻译，并按照广告的实际语境保持原句的句子结构和修辞手法，以再现原文内容。直译法要求语句必须通俗易懂并能够正确表述广告的含义。例如：

Our eyebrow pencils are as soft as petals. 我们的眉笔像花瓣那么柔和。

这则广告中运用了暗喻的修辞手法，借助想象将产品比喻成轻柔的花瓣，形容得恰当贴切，并在不知不觉中使读者生出了一种柔情，从而产生购买产品的愿望。

（二）意译法

意译法的本意是使译文更生动，更有神韵。在直译无法表达出原广告的内涵，译不出原文的含义和味道，甚至别扭难懂时，就要改变原有的句子结构和修辞手法，使用和原句含义相似的新词语来表达，并重新组合、理顺，以便传达出原文的含义和精神。例如：

We are one of America's most sought after national consulting firms for one reason our technological edge…

因为有领先的科技优势，所以我们可以成为全美最受欢迎的国家级咨询企业之一……

例句中的"edge"是一个名词，如果翻译成"边缘""尖锐"等词，那将会失去原文的灵动性，也不符合原文的含义，无法表达出广告中所要表现的咨询企业的优势。而若翻译成"优势"则大不相同，因为这样不仅将该企业的优势表现了出来，还说明了该企业的可靠之处。

（三）活译法

活译法是一种直译和意译相结合的翻译方法，能更传神地表达广告的含义。活译法要在忠于原文的前提下，通过句、词、字等来确定要使用哪种翻译方法。而由于同一词语、词组在不同的广告中可能传达的含义是不相同的，所以也有可能要求使用到直译、意译或活译。所以，只有合理运用翻译手法才能保证翻译的正确性。例如：

Spain is a magnet for sun worship and holidaymakers.
西班牙犹如一块磁铁，吸引着喜欢阳光、喜爱度假的人。

例句中译者运用了直译加意译的方法来处理此广告的译文，使暗喻变成了明喻，并翻译出比喻的真正含义，从而把西班牙的美好表达出来，更加吸引读者。

总之，教师要注重更新教学观念，改进教学方式，不断提高大学生的英语翻译水平。英语广告中的暗喻翻译，讲究的是语言的艺术、形象的艺术、修辞的艺术，要通过正确的译文把暗喻的含义表达出来。英语广告中的修辞手法和表现形式，不仅取决于修辞手法的奇妙作用，更取决于翻译的精确与否。暗喻修辞手法运用得生动形象、恰到好处，会令人难忘。所以，译者在翻译英语广告时要先全面熟悉广告产品，在基本了解产品特点后再选用正确的翻译方法，以重现广告的语言特色，展现广告的语言魅力。

第七节 翻译文化传播中的互文翻译观及其应用

互文翻译观在翻译文化传播中主要贯穿了两条轴线,一条是作品与读者之间的轴线,另一条则是此文本与其他文本之间的轴线,轴线上的双方并不是完全割裂的,而是在不断对话的,翻译作品具有自己的文本特性,也就是说,译者在翻译活动中的主观能动性获得了充分的肯定。近年来,在翻译文化传播中互文翻译观的影响力日渐扩大,并引起了广泛的思考与研究,使更多人了解到了国内外在英语翻译与教学中的最新学术研究成果。

例如,张彬所著的《英语翻译与教学创新研究》以英语翻译和教学的前沿学术研究成果为基础,向读者全面介绍了国内外最新的英语翻译研究与英语教学发展情况,并针对我国英语学习者与工作者的具体特点探讨了英语翻译研究和教学。下面就翻译文化传播中的互文翻译观及其应用做三个方面的思考。

一、互文翻译观的特征和意义

互文翻译观并不是指两种语言在词汇和语法上的一一对应。在现代翻译教学中,对学生翻译能力的训练不仅要从文字与词句入手,更要从语篇的含义和文化内涵入手,更加透彻地理解语篇的含义,以便在译文中更好地表达出作者的意思,以及译者自己的思考。在现代翻译文化传播中,互文翻译观已经引发了一种多重文化语言碰撞与融合的趋势,将互文性翻译作为链接语言与文化之间的重要脉络,让原文与译文尽管处于不同的语言符号体系之中,但是却在文学含义上紧紧相连,在这样的翻译文化传播背景下,对学生的英语翻译能力提出了更高的要求。互文翻译观在翻译文化传播活动中表现出了跨文化传播的时代特征,相较传统的翻译方式有突出的优势,即在英语翻译工作和教学中加入对文化背景和思想内涵的深度思考,在语言符号的转换过程中一旦出现形式与内容的冲突，优先保存翻译文本的原作意图和文化意义，以此实现英语翻译的正确性、文化丰富性和译者主观性。

二、互文翻译观在翻译文化传播中的应用情况

在翻译文化传播中，互文翻译观被不断地应用，特别是在英语翻译教学中，教师开始尝试让学生在新媒体和网络的支持下进行发散性的思维训练，更加重视文化和文化之间的动态关系和意图联系，使英语翻译更具有语言与文化上的和谐与精准，从而培养更优秀的翻译人才。在当前翻译文化传播中的互文翻译观影响下，人们认识到在语言和语言间开放的、动态的、多元文化和意义体系上的异同，也为现在的开放式翻译教学提供了全新的视角，为培养翻译人才创造了更加平等、民主和互动的翻译文化氛围，有利于激发学生的想象力、创新力和发散性思维。

三、互文翻译观在翻译文化传播中的应用策略

从教学模式上来看，互文翻译观需要以比较开放和主观的方法进行教学改革，在教师与学生之间，在原文与译文之间，在语言符号系统与语言文化系统之间形成开放性与主观性的联系。从教学内容上来说，以互文翻译观为理论基础的翻译文化传播，要求在英语翻译教学活动中更加注重语言文化的教学，把文化教学与语言教学放在同样重要的位置。在翻译中不但要调动翻译语言中的知识，还要在中西方文化的异同上进行整体翻译，以转移或替换翻译文化语境中的符号和意义系统，确保在剥离了原文本以后，翻译文本仍拥有独立的文化意义和文本价值，并可以被翻译传播中的受众理解和接受。

总之，翻译文化传播中的互文翻译观是符合当前跨文化语言传播语境的，它将促进学校在英语翻译教学中增加文化和文化传播的内容，进而培养出更符合时代发展趋势和社会交际需要的复合型英语翻译人才。

参考文献

[1] 向明友. 论言语配置的新经济原则[J]. 外语教学与研究, 2002(5): 309-316.

[2] 唐庆华. 试论语言学研究的跨学科趋势——兼议语言经济学[J]. 学术论坛, 2009(7): 150-154.

[3] 杨自俭. 语言多学科研究与应用[M]. 南宁: 广西教育出版社, 2002.

[4] 况新华, 谢华. 国内语用学研究概述[J]. 外语与外语教学, 2002(6): 6-8.

[5] 张新红, 何自然. 语用翻译: 语用学理论在翻译中的应用[J]. 现代外语, 2001, 24(3): 286-292.

[6] 何兆熊. 语用学文献选读[M]. 上海: 上海外语教育出版社, 2002.

[7] 骆裴娅. 经济语言学视域下的广告语言[J]. 重庆工学院学报(社会科学版), 2009, 23(4): 142-145.

[8] 王爱琴. 基于本土实用文本的翻译教学[J]. 中国科技翻译, 2009, 22(4): 27-29.

[9] 梁雪松. 外贸产品样本的典型误译与评析[J]. 中国科技翻译, 2009, 22(1): 28-32.

[10] 李健. 认知图式理论在翻译教学中的应用[J]. 长春工程学院学报(社会科学版), 2014, 15(2): 146-148.

[11] 赵海燕. 认知图式理论在商务翻译教学中的应用[J]. 长春金融高等专科学校学报, 2013(1): 55-57.

[12] 武光军. 翻译课程设计的理论体系与范式[J]. 中国翻译, 2006, 27(5): 14-19.

[13] 教育部高等教育司. 大学英语课程教学要求[M]. 北京: 高等教育出版社, 2004.

[14] 仲伟合. 译员的知识结构与口译课程设置[J]. 中国翻译, 2003, 24(4): 63-65.

[15] 苗菊, 朱琳. 认知视角下的翻译思维与翻译教学研究[J]. 外语教学, 2010, 31(1): 98-103.

[16] 吕立松, 穆雷. 计算机辅助翻译技术与翻译教学[J]. 外语界, 2007(3): 35-43.